ダイエットなしで
着痩せして見える
ワンピースの選び方

ニー亜紀子　著

笑がお書房

本書で使用しているアイテムは、すべて著者、およびモデル所有の私物です。メーカー名のわかるものはそれぞれ記載しています。

本書に掲載している「ビフォー&アフター」画像は、すべて同じ条件で撮影しており、加工や修正は加えておりません。画像の見え方には個人差があり、製品の効果を保証するものではありません。

はじめに

〜 ダイエットなしで女性を魅力的に見せる「魔法のワンピース®」誕生秘話 〜

はじめまして、ニー亜紀子と申します。着痩せに特化した「魔法のワンピース®」で起業して丸6年。これまで、延べ2万人のお客様の試着に立ち会った経験の中で、50代前後は、洋服選びの迷子になっている方が多いと感じています。

50代女性といえば、これまで子育てや家事、仕事や介護と、さんざんがんばってきた世代です。時間的にも経済的にも、やっと少し余裕が出てきたものの、いざとなるとどんな洋服を選べばいいかわからない人が多い世代でもあります。仕方なく今までどおりの無難なものを手にしてみると、以前は似合っていたはずのデザインやサイズがまるで合わなくなっている現実にショックを受ける方も多いようです。

長い間、家族中心で自分のことは二の次。体型やサイズが変わったことに気づけないのも仕方ありません。どうぞ、今までがんばってきた自分をめいっぱいほめてあげてください。そして、50代以降の人生は、自分が輝ける服を着て、幸せな時間を楽しんでみませんか。

女性は誰しもスタイルの良さに憧れるものです。細くて背が高くて、小顔で手足が長くて、とパリコレモデル級のイメージを勝手に描き、自分とのギャップに必要以上に落ち込んでしまう。そんなのナンセンスです。太っていても足が太くても、おしりが大きくてもぺったんこでも、胸があってもなくても、どんな体型だろうと、気持ちひとつで女性はいくらでも魅力的になれます。

ここでひとつ、私の経験をご披露します。中学3年生の頃、私は人生最高に太っていました。思春期まっただ中。私の体型コンプレックスは、相当重症でした。鏡を見るのもイヤだったし、おしゃれや恋にも無関心。ところがちょうど同じ時期に、私の人生最大の「モテ期」が到来したのです。複数の男子から告白され、中には学年でいちばん人気の子もいました。「こんなに太っているのに、どうして?」と、我ながら不思議で仕方がありませんでした。素直になれない性格も災いして、告白を受け入れることなく淡い青春は終わりました。ただ、男の子たちは口を揃えて「元気で明るいところがいい」と言ってくれたことから、好きになるのに太っているという外見は全く関係ないのだと知ったのです。

高校卒業後、私は縁があって海外に飛び出しました。ニュージーランド、カナダ、ハワイと、各地で暮らしてわかったのは、海外の女性はサイズを全く気にしないということ。平均より小さかろうと、逆にスーパープラスサイズだろうと、みんな明るく堂々と生きています。「サイズを気にしない人生って、なんて素晴らしいんだろう！」と、深く感動しました。中学以来、体型コンプレックスに悩み、ダイエットに無駄な時間とお金を費やして来た私には、まさしく目からウロコの経験でした。

のちにアイルランド人の夫と国際結婚をした私は、大らかで優しい夫の理解と協力を得て起業。モテ期の意外な展開や海外での経験をもとに、「女性の本当の美しさはスタイルとは無関係」「ダイエットなしで女性を魅力的に見せたい」という理念を掲げ、生まれたのが「魔法のワンピース®」です。

どうしてワンピースというアイテムをメイン商品にしたかというと、ワンピースには着痩せを叶える魔法があるからです。「魔法」とはいっても、怪しい呪文もとなえないし、うさんくさいトリックも使いません。あらゆる体型の欠点をカバーし、逆に長所を目立たせるという、ワンピースだけが持つ優秀な機能や効果を「魔法」と呼んでいるのです。つらいダイエットなんかしなくても、ワンピースを着るだけでたちまちスタイルアップする、まさしく魔法と呼ぶにふさわしいワンピース効果。ひとりでも多くの女性に「魔法」を体感してもらいたくて、私は日々、ブログやSNSなどの各種メディアを通じて、ワンピースのメリットを配信しています。

無難なお洋服は、無難な人生のはじまり

これが私のモットーです。体型に悩みがあると、ついついすべてを隠してしまいたくなるもの。そして、できるだけ目立たないように地味で無難なものを選びがちです。それでは、これまでの毎日と何ひとつ変わりません。今までとは違う未来を望むなら、そして50代以降の人生を楽しく過ごしたいなら、まずは外見から変えていきましょう。これまで着たことがない柄物や華やかなデザインにも、ぜひチャレンジしてみてください。本書を開き、あなたのコンプレックスを味方にして、ぜひとも着痩せを叶えましょう。

ただ、体型が人それぞれ違うように、似合うワンピースも人によって違います。自分の場合は、どんなデザインや色のワンピースを選べば良いのか。どうせなら最大限に着痩せして見える1枚を選びたい。そう願う女性に向けて、この本では洋服の選び方から着こなし方まで、具体的にお伝えしています。

あなたに似合うワンピースは必ずあります。この本を手に、私といっしょに新しい自分を発見してみませんか。

ニー亜紀子

魔法のワンピースで大変身！
ロングワンピースでカジュアルからエレガントに

Before

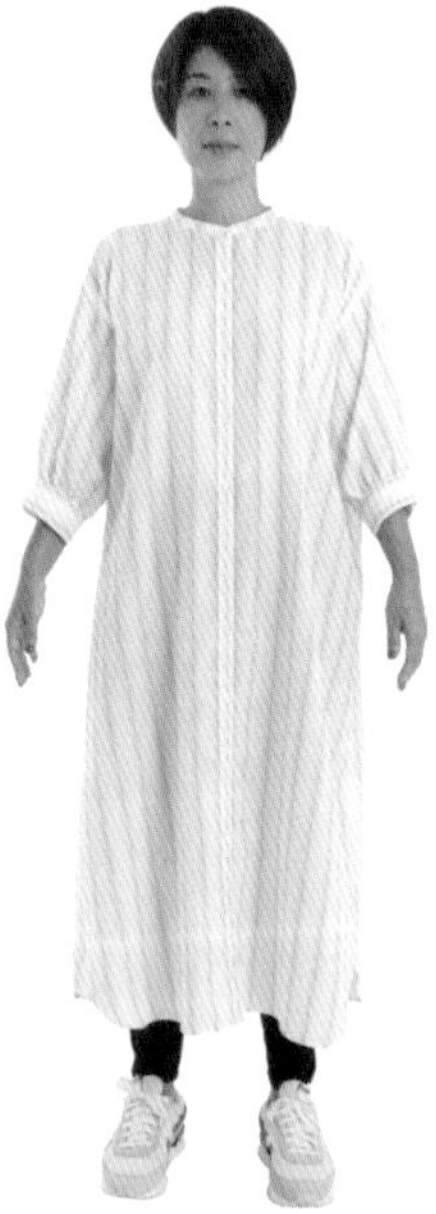

After

【モデル】　AGE：47　身長：160cm　サイズ：9号

CONTENTS

CHAPTER 1

魔法のワンピースを着ればダイエットは必要ありません

Chapter 1　魔法のワンピースを着ればダイエットは必要ありません

ダイエットしないと素敵に見えないと思っていませんか？　そんなことはありません。今のままの体重・体型でも、見た目マイナス５kg着痩せする魔法のワンピースを着れば素敵に見えるのです。

50代でワンピース？というと抵抗があるかもしれませんが、洋服選び迷子にいちばんおすすめなのがワンピース。なぜならコーディネートをする必要がなく、１枚着るだけで、とてもおしゃれに見えるから。そのうえ痩せて見えるなんて、メリットだらけです。

１：サイズに関係なく素敵に見えるのがワンピースの魅力

痩せたい！　スタイル良くなりたい！　女性なら誰もが思うことです。そこに年齢は、関係ありません。いつの時代も様々なダイエット法が世に出回り、私たちはその情報に振り回されています。痩せてはリバウンドを繰り返している、そんな人も少なくないでしょう。健康的な食事を心がけ、適度な運動をし、太る要因を作らなければ良いのですが、それは年齢とともに難しくなってきます。

では、あなたはどうしたいですか？　美味しいものを食べることを我慢して、ダイエットを続けますか？　50代といえば、子育ても落ち着いて、第二の人生を楽しもう！　という人も多いのではないでしょうか。私はそんな女性に、ダイエットに使うお金や時間を、旅行や趣味などの人生を楽しむことに使ってもらいたいと考えています。

ワンピースでおしゃれをして、
第二の人生を思い切り楽しみたい

おしゃれが好きな人、得意な人は、コーディネートを考え、そこにアクセサリーや小物を自由に組み合わせて楽しみます。しかし、おしゃれが得意ではない人にとって、コーディネートは面倒に感じるものです。そんな人は、ワンピースを2、3枚持ってください。そこにカーディガンやジャケットなどの羽織ものを加えれば、簡単にお出かけ用コーディネートが出来上がります。ワンピースは、おしゃれが苦手な人にこそおすすめなのです。

私の「魔法のワンピース」を購入いただいたお客様からは、「ワンピースを着たら、夫に褒められた」という声をたくさんいただきます。褒められるだけではなく、「いつもワンピースを着てほしい」「買うならワンピースにしてほしい！」と、頼まれることもあるのだとか。ご主人から興味を持ってもらえるのは、いくつになっても嬉しいもの。これもワンピースの魔法効果のひとつです。

メリットだらけのワンピースですが、より美しく着こなすために気づいていただきたいのは「サイズに対する意識」です。多くの女性は「なれるものなら、9号サイズになりたい」と望んでいます。まず、その認識を変えてください。「サイズが小さい＝スタイルが良い」では決してありません。

たとえば大きなサイズの人でも、凹凸のある（いわゆるボン、キュ、ボン）体型ならワンピースが似合いますし、素敵に着こなせます。反対にサイズが小さな人でも、凹凸の少ない体型はスタイルが良いとは言えず、似合う洋服を探すのが大変です。大切なのは、サイズではなく「体のバランス」です。年齢を重ねて、体型が変わった人も多いでしょう。現在の年齢なりの体型でも、工夫次第でワンピースならスタイルアップすることができます。

ここで、質問をさせてください。あなたはふだん、次のような服装をしていませんか？体のラインをとにかく隠すようなコーディネートです。体のラインを見せない！　これが50代女性に多いファッションではないでしょうか。確かに、オーバーサイズの洋服は楽ですし、無難です。ただ、体を隠すだけでは、スタイルアップや着痩せはしません。

「はじめに」でも書きましたが、無難な洋服は、無難な人生の始まりなのです。もし「私は人生を変えたい！」と思っているなら、服装を変えましょう。部屋着のような楽なコーディネートをしていると手を抜いたファッションのように見られますし、おしゃれに見えるはずもありません。ふだん何気なくしているコーディネートを「とりあえず、これでいいや」と思ってしまっているなら、その感覚を変えてください。少なくても、カジュアルな日常と、おしゃれなシーンをしっかり区別する感覚を持つことが大切です。

この機会に、これまでの人生で自分が選んできたコーディネートを、振り返ってみてください。もしかしたら、30代や40代の頃は、家族や仕事のために自分が着たい洋服を着られずにいたのではありませんか？　ＯＬとしての通勤服。子どもが生まれてからは、汚れても平気な服。いつも、置かれた状況や環境に合わせた洋服を最優先で着るのが、あたりまえだった人は多いはずです。それは悪いことではないですし、理にかなってもいます。中には、50代になって突然着るものを変えたら「夫に怒られるのではないか」とか、「子どもたちに何と言われるだろうか」と、周囲の反応が心配になる人もいるかも知れません。

海外で暮らしてきた私には、日本の女性たちのこのような生き方や考え方がずっと疑問でした。ＴＰＯをふまえて礼儀さえ失わなければ、自分の着たいものを着ればいいのではないでしょうか。もしもご主人が、奥さんがおしゃれをするのを嫌がるようなら、あえて「うちの奥さんはおしゃれなんですよ」と、自慢できる男性こそ素敵なのだと教えてあげましょう。周囲から、「いつも奥さん、きれいですね」と言われたら、ご主人だってまんざらでもないはずです。子どもたちだって、お母さんがいつもきれいなのは嬉しいでしょう。

毎日、部屋着のような格好でいるよりも、きちんとおしゃれしている毎日のほうがあなた自身も楽しいと思いませんか？

2：洋服の選び方のコツは3つの印象を決めること

店頭やWebショップなどで洋服を選ぶ時や、自宅でその日のコーディネートを決める時に、あなたは何を基準に選んでいますか？　「この服なら、子どもの学校にも着ていけそうだな」「これなら、動きやすくて楽そう」「最近太ったから、黒なら痩せて見えるかも知れない」などという選び方をしているとしたら、残念ですが着痩せはしません。着痩せするための洋服選びには、その人それぞれの明確な基準を持つことが大切なのです。

あなたのなりたい印象は？

私は「魔法のワンピース」の試着会で、次のような質問をよくします。「あなたは、どんな印象を人に与えたいですか？　なりたい印象を３つ、あげてください」と。すると多くの方が、すぐあげられるのはひとつだけなのです。「かわいい」「きれい」「上品」など、人それぞれですが、たったひとつだけでは、あなたが本当に着痩せする洋服を確実に選べません。着痩せする洋服を選ぶには、３つのイメージを持つことが必要なのです。

あなたも、次のページに並んだイメージリストの中から、３つ選んでチェックを入れてみてください。

― なりたいイメージチェック ―

○ キュート
○ かわいい
○ カッコいい
○ エレガント
○ セクシー
○ ヘルシー
○ 上　品
○ 華やか
○ おとなしい
○ おしゃれ
○ 清　楚
○ 聡　明
○ 落ち着いた
○ モード感がある
○ 若々しい
○ 仕事ができそう
○ 活　発
○ スタイルが良い
○ 大人っぽい
○ 洗　練
○ 優しそう
○ 明るい
○ 元　気

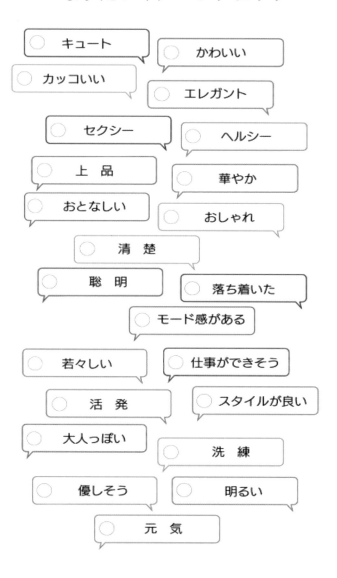

○ 親しみやすい
○ 女らしい
○ スマート
○ スポーティー
○ 知 的
○ きちんとした
○ シンプル
○ 個性的
○ トレンド感のある
○ 爽やか
○ 軽やかな
○ 中性的
○ はつらつ
○ 穏やか
○ 渋 い
○ 地 味
○ 派 手
○ 清潔感がある
○ クール
○ 陽気な
○ シック
○ 情熱的

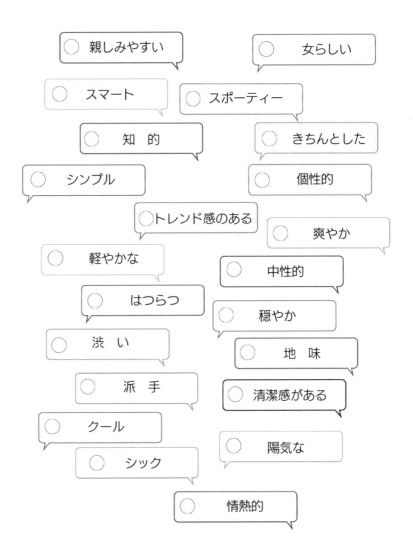

いかがでしょうか。３つ選べましたか？　自分のなりたい印象を３つ持っていれば、洋服選びはとても楽になります。現在、あなたのクローゼットの中にある洋服たちは、あなたがめざす印象を叶えてくれているでしょうか。

どのようなイメージになりたいかを想像する時に、憧れの芸能人をあげる人がいますが、「なりたい印象」と「憧れ」は、違うことが多いのです。たとえば、憧れの人は「かわいい印象」だけど、自分自身のなりたい印象は「かわいい」ではない場合があります。にもかかわらず、憧れのあの人が着ているからといって水玉模様のかわいい洋服を買ってしまうと、結局着ないままになってしまうはずです。なぜなら、「自分がなりたい印象」に、合っていないから。そうならないために、自分の「なりたい印象」として芸能人を当てはめず、先ほどのイメージリストから３つ選んで明確にしてみてください。今後は、その３つの印象を基準にして洋服を選べば、失敗はうんと少なくなるでしょう。

ちなみに私のなりたい３つの印象は、「セクシー」「カッコいい」「ヘルシー」です。この３つのキーワードを持っているおかげで、洋服選びだけでなく、小物選びまで迷うことはありません。ちなみに40代や50代のお客様に聞いてみると、「エレガント」がダントツに多く、次いで「優しい」「明るい」「スタイルが良い」「若く見えたい」が多い印象です。

自分のなりたいイメージに合わせて洋服を選ぶ

セクシー、カッコいい、ヘルシー

自分のなりたい印象がわかっていれば、洋服や小物を選ぶ際に、その印象に近づくためのの色やデザインを選びます。たとえばカッコよくなりたい人なら、かわいいパフスリーブは選びません。Vネックや衿のついたデザインの洋服を選べば、カッコ良さが際立ちます。上手な洋服選びで、なりたい印象に近づけば近づくほど、人生そのものが楽しくなります。

あなたの体型の好きなところは？

続いて、もうひとつ質問をさせてください。「ご自身の体型の中で、好きなところはどこですか？」実はこの質問には、答えられない人がとても多いのです。「ご自身の体型に関するお悩みはありますか？」とたずねると、これでもかとたくさん出るのに、「好きなところは？」と聞くと全く出てこない。これは、外国人に比べて、自己肯定感がとても低い日本人あるあるです。外国人に同じ質問をすると、「もちろん、お尻よ！　見てわからないの？」「ウエストよ！　こんなにキュッと締まっているでしょう」「セクシーな胸よ、ほらっ！」などと、すぐさま答えてくれます。

ひとつだけでも「自分の体型で好きなところ」を見つければ、毎日の洋服選びが楽しくなるはずです。もし今のあなたが、自分の体型には気になるところしかないというのなら、その気になるところをきれいに見せる工夫をしましょう。

たとえば、首が長いことがコンプレックスなら、Vネックや U ネックを着てしまうと、首の長さが強調されてしまいます。そこで、タートルネックや立ち衿、あるいはオフショルダーなどを選べば、首の長さが引き立てられてきれいに見えるはずです。

まずは、ご自身の体型の特徴を知りましょう。その上でネガティブをポジティブにとらえ、その部分こそ美しく見せる工夫ができたら、きっと洋服選びが楽しくなることでしょう。

3：間違いだらけのサイズ選び

洋服を選ぶ時には、色やデザインは重要です。しかしその前に、必ず確認しておくべきことがあります。あなたは、自分の正しいサイズを知っていますか？　正しいサイズを知らないで、お洋服を選んでいると、いくら色やデザインがあなたに合っていても、サイズが合っていないので、着痩せ効果は大幅にダウンします。

ワンピース選びに大切なのは「サイズ感」

魔法のワンピースの試着会でお客様に洋服のサイズをたずねると、ひとつ上のサイズを言う人が多いです。これもまた、日本人あるあるだと感じます。外国人は逆に、小さいサイズを言われます。

日本では、9号サイズの洋服がいちばん多く売られています。そのため9号の人は選択肢が多く、お店でも試着し放題です。とは言え、それぞれ身長も体格も違うのに、誰もがみんな同じように9号になろうと努力しているのはとても不思議な現象です。9号サイズが良い！　ではなく、人それぞれの身長、体格にあったサイズがもっとも良いのです。日本では、痩せていることこそ「美」だと感じる人がまだまだ多いのが私としてはとても残念に感じます。

私はお客様に「スリーサイズを教えてください」と、ご試着の前におたずねるのですが、正しく答えられるお客様はほぼいません。通販など試着ができない場面で洋服を買う際には、スリーサイズがわかっていなければ失敗してしまいます。ほとんどの人は「9、11、13号のサイズがわかっていれば、いいんでしょう?」と思っているはずです。実のところ、人の体型はそんなにシンプルではありません。たとえば、上半身は9号だけれど下半身は11号という人がいる一方で、上半身は11号だけれど下半身は9号という人もいます。必ずしも、上下のサイズは同じではないということです。だから、自分のサイズを9、11、13号で知っているだけはなく、スリーサイズを知っていることがとても大切になります。

ここで、あなたにご提案です。実際に自宅でメジャーを使い、ご自身のスリーサイズを測ることをおすすめします。そして数字だけでなく、鏡に映る自分のシルエットを前から横から見て、体型のバランスを確認してください。

また、スリーサイズとともに「サイズ感」まで知っていたら完璧です。サイズ感とは、実際に洋服を着た時に、自身の体型にどのように洋服がフィットしているかということ。これは、着痩せするための重要な要素です。

たとえばワンピースを着たとき、生地に横ジワが入っていないか。または、下着の線がくっきりと見えていないか。もし下着からの「ハミ肉」が出ている場合は、身に着けているものが小さいということです。自身の体型を小さく見せたいために、小さいものを着るのは逆効果で、体型がよりくっきりと強調されてしまいます。

小さいサイズを着ることでかえって体型が強調される

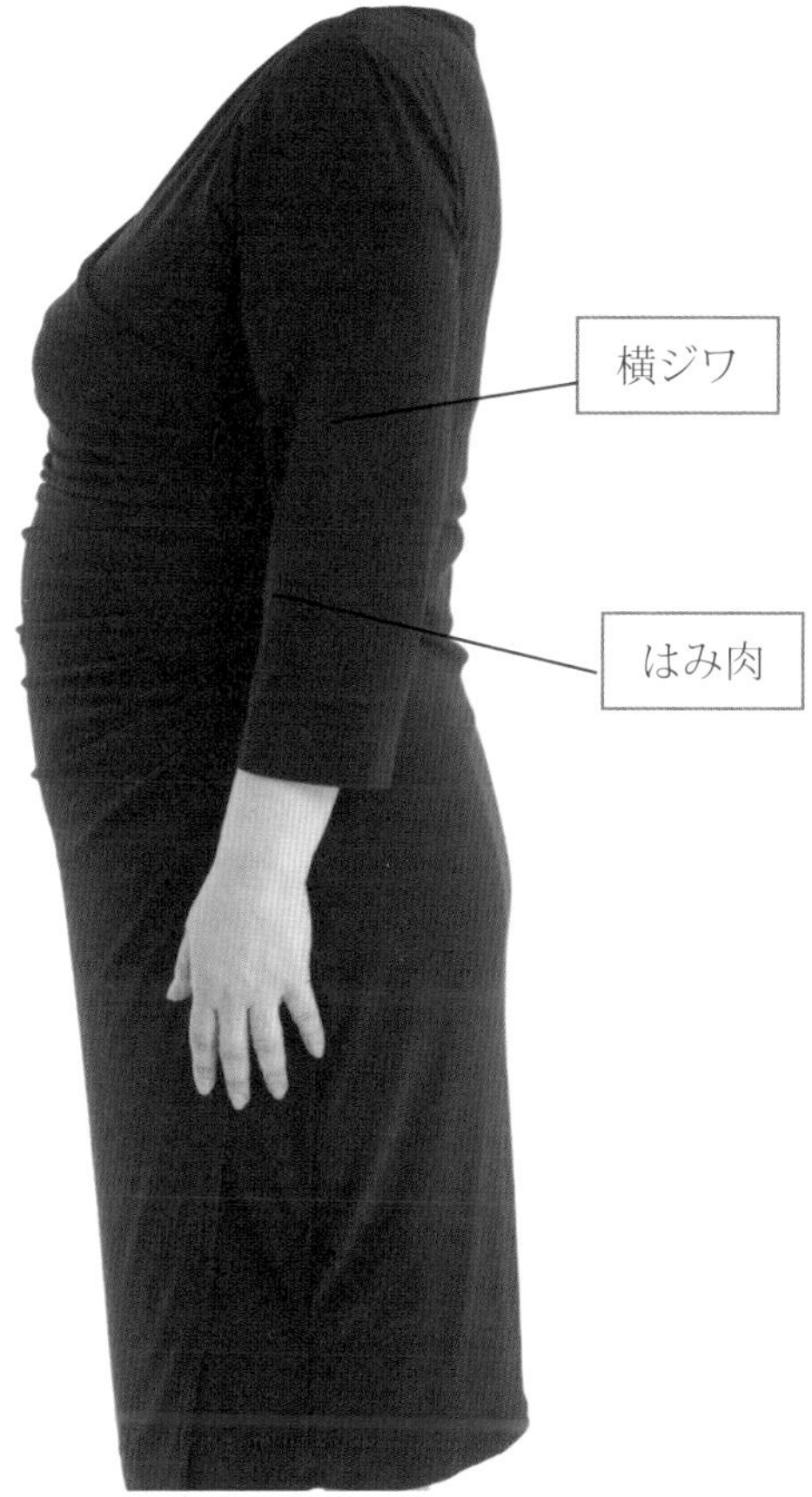

洋服を着る時には、ほどよい「ゆるみ」が、上品さを醸し出します。洋服を着たら、背中の部分をつまんでみてください。どれくらいの余裕がありますか？　もしもここにつまめる余裕がなければ、その洋服はあなたにとって小さすぎるということ。反対に、指が2、3本も入るほど余裕があれば、それは大きすぎます。洋服を着た時は指1本分くらいの余裕があることが、着痩せするために最適なサイズ感です。

覚えていただきたいのは、大きすぎるサイズの洋服は着痩せしないということ。体の気になる部分を隠せたとしても、スタイルアップはしません。また生地が余ることで、だらしない印象も与えてしまいます。サイズ感や「ゆるみ」については、後の章で詳しくお伝えします。

数年前に、トップスは長めのチュニックでお腹周りを隠して、ボトムはレギンスを履くスタイルが流行しました。確かに体のいろいろな部位を隠せてはいますが、着痩せ効果はゼロです。しかも、全くもっておしゃれでもありません。ただ単に自分が楽というだけです。

サイズ感を知らないことは、洋服だけでなく下着選びにも影響します。サイズを知らなくても購入できるブラトップはとても便利で、付け心地も快適です。家でくつろいでいる時には、ブラトップを使うのも良いでしょう。ただし、ワンピースを着る時にブラトップを選ぶと、胸がツンと上がらずスタイルアップしません。下着は、おしゃれを楽しむために欠かせない重要なアイテムです。1セットだけでもいいので、自分のサイズに合ったブラとショーツを必ず持つようにしましょう。

スカート丈、気にしていますか?

洋服のサイズを選ぶ時に、「二の腕の部分に余裕があるか?」「お腹周りがきつくないか?」など、カバーすることばかりを気にしがちですが、他に考えていただきたいポイントがあります。それは、スカートの丈です。多くの女性が「なりたい印象」としてあげる「上品に見せたい」というのを叶えるには、スカート丈が大いに関係しているのです。

まずは、膝を隠すことが基本です。特に50代以上の女性は、とにかく膝を隠しましょう。しかし、「自分の体型の好きなところ」が「足がきれい」という場合は別です。どんどん出してください。

足には、膝以外にも人それぞれ特徴がありますね。たとえば、若い頃に陸上をやっていたせいで、ふくらはぎが発達している人の場合などは、ロング丈ワンピースを試してください。ただ単に長いだけではなく、スポーツで引き締まった足首が少し見える丈を選ぶと、ぐんとスタイルアップします。あなたの足の形に合わせて、「足がいちばんきれいに見えるスカート丈」を探しましょう。鏡の前で色々と試してみてください。

4：覚えておきたい！ 着痩せする「3首」出しの法則

洋服を着る時の着痩せポイントは、首、手首、足首の3首を出すことなのですが、ただ出すだけでは足りません。まず、首を出す時は思い切って鎖骨まで出すことで、首元が大きく開き、とてもすっきりした印象になります。丸首、Vネック、スクエアなど、どの衿型の場合でも、鎖骨が見えるデザインのものを探してください。

時々、「骨格診断で丸首のお洋服が良いと言われました」と言って、丸首のもの以外は絶対に着ない人がいます。確かに丸首がいちばん似合うのかもしれませんが、浅めのVネックもあればUネックもきっと大丈夫です。「丸首」という名前にこだわらずに視点を広げ、実際に着てみて、どう見えるのかを確認しましょう。「鎖骨を見せる」というポイントさえ押さえておけば、着られる洋服の選択肢が広がります。

50代以上の女性の中には、「首のシワが気になるので隠したい」という悩みをお持ちの人もいらっしゃるかもしれませんね。着痩せするには3首が出ていることが理想ですが、どうしても気になる方は、無理に出す必要はありません。自分の中で何が大切かを選んでください。

次に、手首です。ファッション雑誌などでは長袖のシャツ、セーター、ジャケット、はたまたコートまで手首を露出させている着こなしが多数見られます。これは手首を出すことで洗練された印象の着こなしとなり、軽やかさや女性らしさを強調できるからです。

しかし長袖の場合は、手首が出ません。そのため、長袖が多いという人は、なるべく袖をまくって手首をしっかり出すようにしてみましょう。私が販売している「魔法のワンピース」はほとんどが七分袖なので、まくる必要がありません。また、ストレッチ素材なので袖をまくり上げやすくなっています。

最後に、足首です。足首を見せることで足元が軽やかにみえ、全体のバランスが整います。最近、マキシ丈が流行していますね。ゴージャスな印象を与えるマキシ丈ですが、足首が出ないものは着痩せしません。マキシ丈でも、足の中でいちばん細い部位である足首が見えるくらいの丈を選びましょう。

首の鎖骨が出て、手首も見えて、足首が出るという「着痩せに必須の『3首』」これが一枚で叶うのは、ワンピースしかないことにお気づきでしょうか。つまり、ワンピースを着れば、簡単にシンプルにスタイルアップが可能ということです。

３首なし

３首あり

鎖骨、手首、足首の「３首」出しで華奢見え

きれいになることをあきらめない

どうか「きれいになること」をあきらめないでください。おしゃれを楽しむことや、なりたい印象の自分になることは、いつからでも叶います。たとえあなたが「私はサイズが大きいから」と思っていても大丈夫。サイズが大きいことは、スタイルが悪いということではありません。魔法のワンピースならダイエットすることなく、おしゃれできれいに見せることができるからです。

2章以降も、おしゃれできれいになるポイントを、たくさんお伝えします。ひとつひとつ押さえていただきながら、あなたの中に隠れている「美しさ」と「魅力」を最大限に引き出しましょう。

Before　　　　After

【モデル】Age：55　身長：167cm　骨格タイプ・ウェーブ
15号（B 112 W 100 H 113）

CHAPTER 2

着痩せして見える素材を知っていますか？

Chapter 2　着痩せして見える素材を知っていますか？

ダイエットなしでも着痩せするうえで大事なのは服の素材。着痩せする素材と着痩せしない素材があることは知っていますか？　着痩せできるかの視点で素材を選び、服を選べば、驚くべき着痩せ効果が。着痩せする素材と着痩せしない素材の見分け方と、それぞれの具体的な素材名を解説します。これを知っておけば、服選びの常識が大きく変わるはず。

1：着痩せもできてお手入れ簡単な素材

着痩せ効果の高い素材とは、「ボディラインや肉感を拾わない素材」です。このような素材は、いくつかのポイントを押さえていれば、簡単に見つけることができます。順番にご紹介しますので、ひとつひとつ実践してくださいね。

まずは、洋服を手で触ってみましょう。そこで、なめらかな表面でツルツルした感触であれば、それは着痩せする素材です。

また、素材自体にハリのあるものも着痩せします。具体的に素材名を挙げるなら、きれいなドレープを作る「シルク」や「サテン」「スムース（ジャージ素材）」は、着痩せする素材です。そして魔法のワンピースで使われている「ポリエステル」も、着痩せ効果が高いです。

触るとなめらかでツルツルしている、ハリがある、シワになりにくい。このような素材を見分けるための方法は、もうひとつあります。それは、お店で実際に洋服を試着してみるとわかります。洋服を着た際に、スカートが重力にしたがってなめらかにストンと落ちる感じがあり、体を動かすとスカートが流れるようなラインで揺れるなら、それは着痩せする素材です。

たとえば、コットン素材のものはあまり揺れません。ぜひご自宅にある洋服で試してみてください。デザインによって多少の違いはありますが、揺れる洋服と揺れない洋服があるはずです。触ってツルツルしていることと、流れるように揺れること。着痩せする素材は、素材名で覚えるよりも、この2つのポイントを押さえておくほうが役立ちます。

また、ストレッチ素材かどうかも大切です。いくら着痩せする色の服を着ていても、ストレッチが入っていなければ、着痩せ感は大きくダウンします。それに、着心地も悪いですね。

シルク素材

着痩せ素材のその他のメリット

着痩せする素材である「シルク」や「サテン」で作られた洋服は、着痩せしたとしてもお手入れが大変です。自宅の洗濯機で洗えないこともあり、買うのを躊躇する人も多いでしょう。いくらおしゃれで素敵な洋服でも、着るたびに手間がかかってしまうものは、結局は使わないままになりがち。素材選びでは、なるべく手間のかからないものを選びましょう。自宅で洗うことができれば、お手入れが簡単なだけでなく経済的です。

また、シワにならずアイロンがけの必要がないものも、主婦には嬉しいですね。魔法のワンピースは、自宅で洗濯ができます。洗濯機に入れる際に裏返してネットに入れれば、かなり長持ちします。洗って干すだけで形が整うので、とにかく楽です。

魔法のワンピースは、ポリエステルで作られていますが、最近は「ポリエステル100%」ではなく、「スパンデックス（ポリウレタン弾性糸）」を5%入れるようになりました。そうすることで、ストレッチ効果が高まります。「スパンデックス」が入ることで、機能性もアップするのです。使われている素材は、着心地や機能性など、洋服にあらゆる影響を与えています。ですから、お店でお洋服を買う際には、必ず素材をチェックしてください。

とくに、「シワになりにくい」という点は、仕事用の洋服で重要な項目となります。たとえば、出張の際などの長時間移動で座りジワがつけば、到着したらまず着替えてから仕事に向かわなければならなくなります。それがシワにならない素材のワンピースなら、到着後そのままジャケットを上から羽織るだけですぐに仕事ができるわけです。

着痩せ効果だけでなく、仕事において機能的かどうかも素材選びのポイントになります。お店で一目惚れした洋服も、シワになりやすかったり、手入れが楽ではなかったりで、結局は着なくなってしまうのは残念ですよね。コットンや麻など、自然素材の洋服は肌触りがよく、お好きな人も多いと思います。でも、ジャージ素材ほどには着痩せはしませんので覚えておいてください。

2：今すぐクローゼットの洋服を触ってチェックを

着痩せする素材と、着痩せしない素材があるのがわかりましたね。それでは、ご自宅のクローゼットの中にある洋服を1枚ずつ、触って確かめてみましょう。あなたのクローゼットの中には、どんな素材の洋服がありますか？

まずは、着痩せするツルツル系や、着痩せしないモコモコ系の服を触っていきましょう。自分の持っている洋服の中でトップス、ボトムス、どちらに着痩せしない素材が多いですか？「トップスに、太って見える素材が多いな」など、自分の洋服の傾向に気づくことができます。そうすれば、次回の買い物の時には、着痩せ素材をどのアイテムで選べば良いかがわかりやすくなります。

＊上半身にボリュームがある　↓　トップスは着痩せ素材
＊下半身にボリュームがある　↓　ボトムスは着痩せ素材

また、逆にふっくらと見せたい人の場合は、着痩せしたい人が避ける、フワフワ、モコモコした洋服を上下に着ると良いですね。

次のシーズンに向けて洋服を買おうと思っているなら、洋服の素材選びのポイントを踏まえながら、まずはクローゼットの中をチェックしてください。そこで色や柄をチェックすると同時に、素材感を確かめるのを忘れないでください。上半身、下半身のボリュームの体型バランスを見て、比較的ボリュームが多いほうに着痩せする素材を使うと全体のバランスが整います。

素材を活かした着痩せテクニックは、まだあります

あなたが現在持っている洋服を全てチェックし、ファッション全体のバランスを整えましょう。もしもあなたが、モヘアのニットにツイードのスカートにファーのバッグを合わせていた場合、全てがモコモコしているので着痩せしないコーデになっています。ただし、そこにロングネックレスやストールを合わせれば縦長ラインができて、着痩せ効果が期待できます。

また、かわいい系が好きな人に人気のシフォンスカートも、実は着痩せしません。そこで、下がシフォンスカートでふんわりするなら、上はツルツル素材の短めのトップスで足長効果を出してバランスを取りましょう。

このように、全体でバランスを取ることで解決することは多いです。それでもコーディネートが難しいと感じる場合は、ワンピースを着てください。ワンピースは上下の合わせ方やアイテムのバランスを考慮する必要なく、1枚着るだけで全てを叶えてくれます。ワ

ンピースの素材選びで練習をしてから、上下のコーディネートにチャレンジするのも良いかもしれません。ぜひ、あなたに似合い、なおかつ着痩せする素材のワンピースを見つけてください。

着痩せする素材が良くて、着痩せしない素材が悪いわけではありません。フワフワした洋服は、着痩せするためではなく、かわいさやきれいさを出す目的で着ましょう。

3：太って見える素材はコレ

ここまで、「シルク」「サテン」「ポリエステル」に「ジャージ素材」と、着痩せする素材名をお伝えしてきました。ここからは、着痩せしない素材をご紹介していきます。

凹凸のあるボコボコした見た目の「ツイード」や「コーデュロイ」などの素材が、着痩せしない素材に当たります。これらの素材は、触った時にツルツルしていないため着痩せしません。

たとえば体型がふっくらした人が「コーデュロイ」や「リブニット」のアイテムを着ると、素材が凸凹しているので、体型がくっきりと出て、実際より膨張して見えます。

さらに、「ファー」や「モヘア」などフワフワした素材は、ボリュームを与えてしまいます。冬に活躍する素材には、太って見えるものが多いので気をつけましょう。

では、「冬場は、何を着ればいいの？」と、迷われるかもしれません。そこで登場するのが、着痩せする素材の魔法のワンピースです。ワンピースだけでは寒いと感じる人は、インナーにヒートテックを着てからワンピースを着てください。さらに、上にカーディガンなどを羽織れば防寒対策になります。

着痩せするインナー選び

せっかく着痩せする素材のワンピースを選んでいるのに、レースインナーを合わせてしまうと着痩せして見えなくなります。逆に、胸をふっくら見せたい人の場合は、レース素材のキャミソールを取り入れるとよいです。

それでもレース素材の洋服を着たいあなたへ

「レース素材」は、エレガントで人気が高いです。着痩せはしたいけれど、レースも取り入れたいという人は、色とデザインに注意しましょう。色は引き締め色のダークカラー。デザインは例えば、Aラインや I ラインなどの縦長シルエットのシンプルなデザインの洋服です。

かわいいからと購入しても、その後に着痩せしないからと着なくなってしまっては、とても残念。せっかく買った洋服は、何度でも着たいもの。そのためにも、着る際の目的を明確にしたうえで、洋服を購入しましょう

レース素材は、かわいいけれど着痩せしない

あらためて、ご自身のお洋服をチェックしていかがでしたか？　素材の特徴を活かすことは、着痩せするだけでなく、おしゃれの幅を広げることにもつながります。第1章でご紹介した、「自分のなりたい印象3つ」も頭に置きながら、素材選びも楽しんでくださいね。

After

ロング丈カーディガンを
合わせてさらに縦を強調

落ち感のある素材の
A ラインロングワンピース

Before

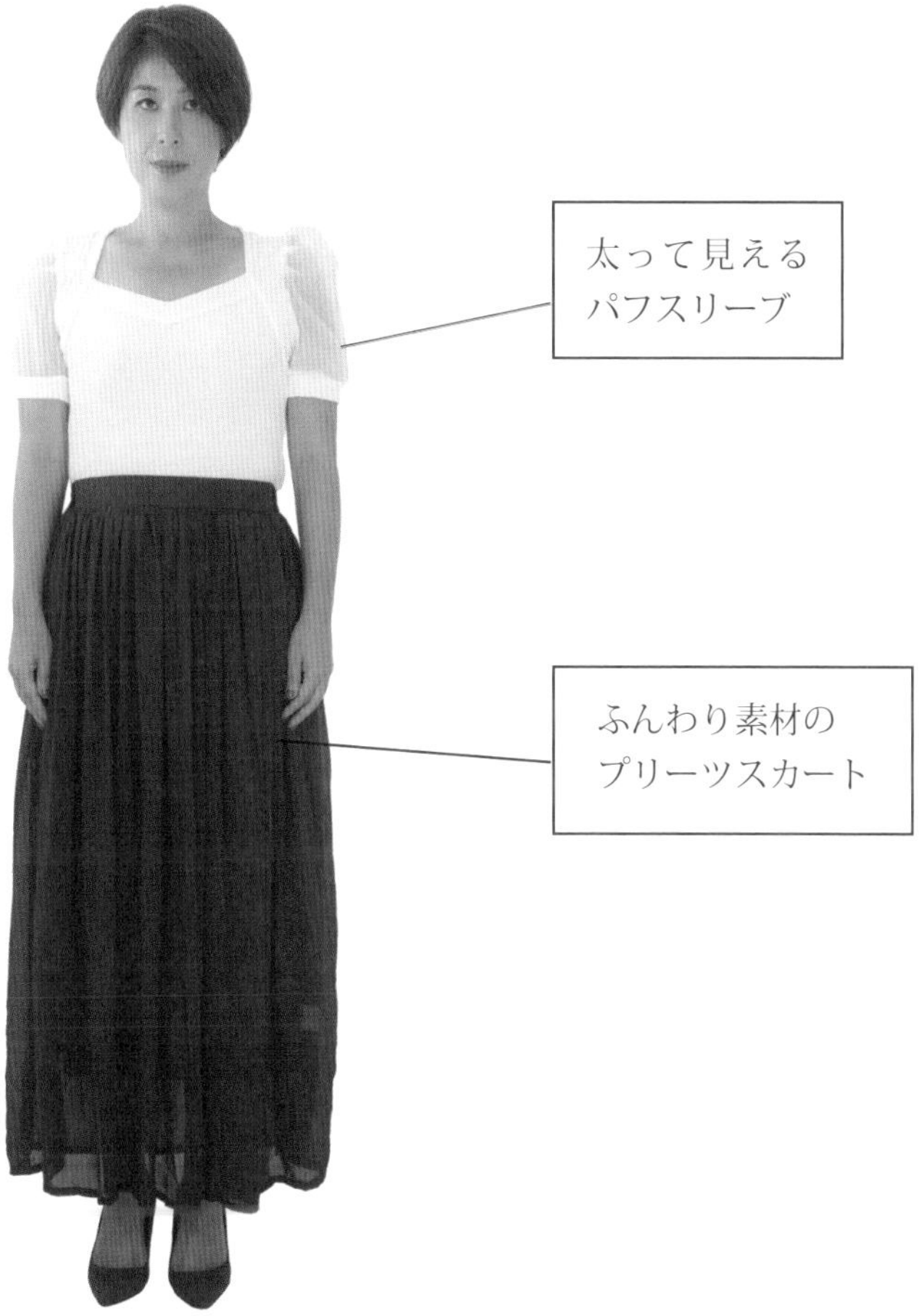
太って見える
パフスリーブ
ふんわり素材の
プリーツスカート

CHAPTER 3

色で着痩せ効果をアップ

Chapter 3　色で着痩せ効果をアップ

　多くの方が洋服の色選びを間違ってしまっています。結果、似合わない、素敵に見えない、太って見えてしまうなどデメリットばかり。引き締め色ナンバーワン「黒」の落とし穴や、太って見えるパステルカラー着こなし術など、色を使った着痩せ術のルールやコツをお伝えします。

1：引き締め色ナンバーワン「黒」の落とし穴

　着痩せする色とは、「引き締め色」です。具体的にみなさんが真っ先に思い浮かべるのは、きっと「黒」ではないでしょうか。確かに黒は、引き締め色ナンバーワンです。しかし、注意すべきポイントがあります。全身を黒で揃えてしまうと、着痩せ効果はダウンします。全身黒では、体のシルエットがくっきりと出てしまうからです。

たとえば太っているからといって、全身を黒一色で合わせている人をよく見かけます、黒が好きで、おしゃれのつもりで全身黒を着用している場合はもちろんOK。ですが、着痩せしようとして全身黒にしている場合は要注意です。

もちろん、全身が白の場合と比べたら、全身黒の方が多少は痩せて見えますが、あなたの体型の魅力的な部分まで隠してしまうのでスタイルアップはしていません。全身黒よりも着痩せするコーディネートは、他にいくらでもあるのです。

今まで多くの人が、黒は他のどの色にでも合うし、着痩せする便利な色だと思ってきたのではないでしょうか。黒ばかりだと、重苦しい印象を与えます。なぜなら、黒は「抜け感」が感じられないから。全身黒をおしゃれに着こなすのは、かなり難しいです。

黒に頼り続けてきたみなさんへご提案です。「とりあえず黒」という考え方はやめませんか？　めざすべきは「脱・全身黒コーデ」です。

黒を使った着痩せ術コーデのポイントは、全身黒一色にするのではなく、着痩せしたい場所に黒を使うこと。

胸が大きい人が、白のトップスを着て、黒のパンツを履くというコーディネートをしたら、上半身が膨張色の白により膨張してしまいます。なので、胸に黒や引き締め色を着ましょう。また、お尻が大きいことや、太ももが太いことを気にしている人の場合は、ボトムスに黒を持ってきましょう。このように黒は、自分が気にしているところ、悩みがある部分のアイテムに取り入れましょう。

Before

やりがちな全身黒コーデ

After

着痩せしたい場所に黒

2：黒以外の引き締め色を使う

では、黒以外にどのような色が着痩せに向いているでしょうか。引き締め色は、黒以外にもあります。引き締め色について、ここでもう少し詳しくお伝えします。

引き締め色とは、濃い色のことです。たとえば、ネイビーやダークブラウンなどがそれにあたります。「濃い」という表現が想像しづらい場合は、「深い」という言葉に置き換えてください。深い赤や深い緑というと、思い浮かべやすいのではないでしょうか。とくに秋冬には、こういった色がお店にたくさん並びます。モコモコした服装になりやすい冬は、素材選びにはちょっと苦労するかもしれませんが、色に関しては、店頭に並んだ深い色の中から選んでみてください。

逆に春夏には、白やパステルカラーがお店にたくさん並びます。明るい色を楽しみながらも、体型で気になる部分に濃い色を使ってコントラストを使ってコーディネートすれば着痩せ効果は抜群です。

もしあなたが、薄い色のアウターしか持っていない場合は、前を開けて、中に着る服を引き締め色にしてください。そうすればコントラストが生まれ、中が引き締まって見えます。引き締め色、膨張色とうまく組み合わせながらコントラストを生み出すことも着痩せテクニックのひとつです。

引き締め色のナンバーワンは黒だとわかっていても、黒があまり好きではない、黒が似合わないという人もいるでしょう。その場合は、引き締め色には黒以外の濃い色を使ってください。ネイビー、ダークブラウン、ダークグレー、ボルドーなど。他にも「ダーク○○」と表現する色はおすすめです。

「私は黒が好きだから、黒を着るのだ」という人は、もちろんそれでＯＫ！　その場合は、カーディガンやアクセサリーなどで黒以外の色味をプラスしてください。違うカラーがコーディネートに加わると、おしゃれになりますし、着痩せ効果もあります。

ネックレスをプラス
縦長効果で着痩せ

カーディガンをプラス
W の縦長で着痩せ MAX

3：あなたはどっち？　イエローベース？　ブルーベース？

パーソナルカラー診断で、イエローベースかブルーベースかという点も、洋服の色選びには重要になります。パーソナルカラーとは、人が生まれつき持っている肌、目（虹彩や白目）、髪の色に調和する色のグループの分類です。パーソナルカラーのグループに基づいて似合う色を身につけると、全体の色のバランスが調和し整って見えるというメリットがあります。似合う色を身につけると、

・透明感のある肌に見える
・しみ、しわなどが目立ちにくくなる
・輪郭がスッキリ見える
・若々しく見える
・元気に見える

など、良いことづくし。

ところが反対に、似合わない色を身につけてしまうと、

・くすんだ肌に見える
・しみ、しわが目立つ
・輪郭がぼやけて太って見える
・老けて見える
・疲れて見える

など、とても残念な影響を及ぼしてしまいます。着瘦せの前提は、きれいに見えること。パーソナルカラーも、ぜひ意識してくださいね。

パーソナルカラーについて、もう少し説明しましょう。パーソナルカラーには、「イエローベース」と「ブルーベース」があります。「イエローベース」とは、イエローやオレンジを含んだ暖かい印象の色（ウォーム系）のグループです。ベーシックカラーであれば、

アイボリー、ベージュ、ブラウン、キャメルなど。そこに、朱赤、コーラルピンク、クリームイエロー、黄緑、金属色ならば、ゴールド、ブロンズなどが含まれます。

続いて「ブルーベース」は、青や紫を含んだ冷たい印象の色（クール系）のグループです。ベーシックカラーであれば、白、黒、グレーなど。そこに、真紅、ローズピンク、レモンイエロー、エメラルドグリーン、ラベンダー、金属色ならば、ホワイトゴールド、シルバー、ガンメタリックなどが含まれます。

「イエローベース」「ブルーベース」と言っても、含まれる色はこれだけ多くあります。自分のパーソナルカラーを知って、「似合うか似合わないか」という不安を軽減し、洋服選びをより楽しみましょう。

パーソナルカラー別　カラー見本

イエローベース

ブルーベース

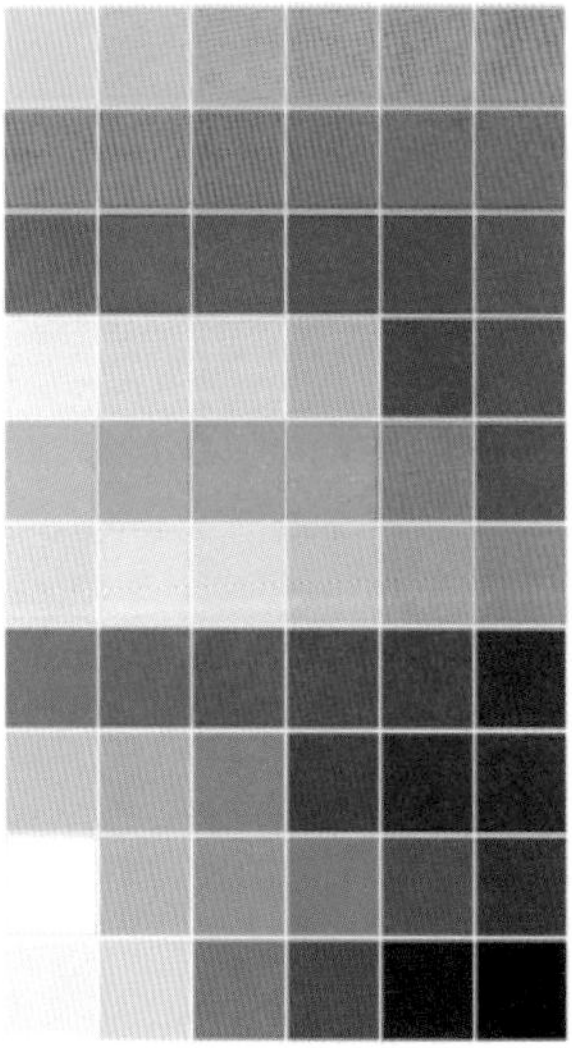

では、ここからは、「イエローベース」か「ブルーベース」かという点から、着痩せ効果についてもお伝えしましょう。

イエローベースはウォーム系、ブルーベースはクール系ですが、各々のグループの中には、暖色（例：赤）も寒色（例：青）もあります。暖色と寒色を比較すると、着痩せする色は寒色です。ただ、着痩せには色みよりも引き締め色の特徴である、濃い、深いなどのほうが影響度は高いので、どちらのグループも暖色で着痩せしたい場合には、濃い色を選んでコーディネートするようにしてください。

ここでひとつ、注意点があります。あなたの選んだ洋服がいくら着痩せして見えたとしても、似合っていなければ素敵ではありません。この「似合うかどうか」を判断するために、パーソナルカラー診断はとても役に立ちます。ただ、この診断結果をかたくなに守ろうとするあまり、おしゃれを楽しめないようでは意味がありません。たとえば、好きな色が自分には似合わない色だと診断された場合、あなたならどうしますか？　あきらめますか？　好きな色が似合わない色だと言われてしまったら、悲しいですよね。

でも、好きな色をあきらめる必要はありません。パーソナルカラー診断は、肌色との調和で判断しますから、洋服を着る時に映える、顔に近いところにさえ似合う色を使っていればOK。逆に、メイクで似合わない色を使ってしまうのは、NGとなります。メイクでは、カラー診断の結果を大切にします。そして、好きだけど似合わない色は、顔から離れた場所で使いましょう。スカートや小物なら、顔から離れているので使いやすいです。カラー診断の結果はあくまでも色選びのものさしのひとつとして活用しましょう。

ニー亜紀子　カラー診断写真

4：太って見えるパステルカラーを着こなすには？

太って見える膨張色の代表は白ですが、ここでは白以外の色についても、深掘りしてみます。人気のあるパステルカラーは膨張色であり、着痩せしない色です。そのため、パステルカラーの洋服を着たい場合は、配色に気をつけましょう。引き締め色を上手に使って、バランス良く着ましょう。

パステルカラーが大好きだからといって、全身をパステルカラーにしてしまうと、たちまち太って見えてしまいます。上か下かのどちらかに、引き締め色を入れてください。また、パステルカラーのワンピースを着る場合は、羽織ものに引き締め色を持ってきます。このように、どこかに引き締め色を取り入れることを、意識してください。白やパステルカラーが好きなのに、膨張色だから着られないのは寂しいです。組み合わせる色を工夫すれば、膨張色も恐くありません。

パステルワンピースの着こなし例

パステルワンピース

＋膨張色カーディガン

＋引き締め色カーディガン

好きな色を着ることは、とても大切です。でも、着痩せ効果を意識しすぎてファッションを楽しめなくなってしまっては本末転倒。たとえば、黒とは正反対にあたる、白。膨張色だからといって、白を全く着ないなんてナンセンス。白が着たい人は、引き締め色をプラスしたりして、着痩せする着こなしを楽しみましょう。

5：色のリンクコーデをマスターする

着痩せして見える定番のカラーの黒やネイビーのワンピース、そして羽織ものを持っている人は多いでしょう。黒とネイビー以外にも着痩せする色はありますので、それだけに限定せず、定番のカラー以外もコーディネートに取り入れて、おしゃれのカラーのレパートリーを増やしましょう。

たとえば、ワンピースにカーディガン。黒は無難ですし、たしかに引き締め効果も高いですが、そこでボルドーのカーディガンを選ぶのはどうでしょう？　ボルドーのカーディガンを羽織った女性。私は、とてもおしゃれだと思います。ボルドーの他にも、濃いグレー、緑、ブラウンなどもおしゃれですね。おしゃれ度がぐんとアップして、着痩せ効果も抜群な色選択肢はたくさんあります。ぜひ、試してみてください。

ワンピースの中に使われている色とリンクさせたカーディガンを選びました。

ボルドーのリンクコーデ

ダークグリーンのリンクコーデ

では、これまでは無難なコーデばかりしてきたという方々に、新たな引き締め色を取り入れていただく提案をします。

最初に、深い色の洋服を購入する際に私がおすすめしたいアイテムは、カーディガンです。あれこれ買いそろえる前に、まずはカーディガンから始めてみましょう。今まで持っていたワンピースに、引き締め色のカーディガンを合わせます。黒やネイビー以外の濃い深い色のものを購入してください。もちろん、プチプラでもＯＫです。前の章でお伝えした「着痩せして見える素材」をぜひ思い出してみてください。

とはいえ、ふだんとは違う色選びをしようとすると迷ってしまいますよね。そこで、「リンク」を取り入れてみましょう。リンクとは、関連付けのこと。コーディネートの中に、何かつながりや関連付けられたものがあると、バランスがよくみえます。中でも簡単にコーディネートが素敵にまとまるのが、色のリンクです。

では、具体的にどのように色のリンクコーデを作り出すかを見ていきましょう。深い色の中でも、どれが良いのか迷う人もいると思います。ですが、選び方はとてもシンプル。たとえば、ワンピースの柄の中に緑色が入っているとします。その場合は、深い緑のカーディガンを合わせるのがおすすめです。この基準でいけば、赤が入っている場合にはボルドーを、青が入っていれば濃い青を合わせられますよね。こんな感じでリンクコーデを楽しみましょう。バランスがとても良くなって、とにかくおしゃれに見えて、なおかつ着痩せして見えます。

リンクコーデのために最初に購入するものはカーディガンだとお伝えしましたが、いきなり何色ものカーディガンを買う必要はありません。まずは、自分の好きな色の中から濃いめのものを1枚。それだけで、おしゃれ度アップの扉が開きます。

着痩せコーデの色選びに大切なことは、

・引き締め色を効果的に使う

・全身黒コーデをやめる

・コントラストをつける

この３つです。洋服選び、色選びを楽しみつつ、おしゃれも着痩せも手に入れましょう。

次の章は、いよいよ「柄選び」に入ります。楽しみに読み進めてくださいね。

■カーディガンリンク集

ダークグリーン

ホワイト

ピンク

ミントグリーン

薄紫

水色

CHAPTER 4

見え方が大きく変わる！柄による着痩せ効果とは

Chapter 4　見え方が大きく変わる！　柄による着痩せ効果とは

着痩せのプロがおすすめするのは柄物。柄が苦手という方も多いかもしれませんが、似合うものを選べば今までとはまるで違う印象に。正しく柄物選びができれば、着痩せして素敵に見せられるのです。着痩せ効果の高い柄や太って見えやすい柄、柄選びのコツをお伝えします。

1：着痩せのプロが柄物をおすすめするワケ

洋服は、自分が着たいもの、好きなものを自由に選ぶのがいちばん！　これが私の基本的な考えです。ただ、着痩せすることを何よりの目的としている人にはぜひ、柄物を試していただきたいです。「魔法のワンピース」の試着会で、「ふだんは絶対に柄物は選ばないけれど、試しに着てみたら自分でも驚くほどピッタリ！」とか、「周りの人にも似合うとほめられて、意外だったけれどすごくうれしい」と、喜ぶお客様を何人も目にしてきました。この機会に柄物にチャレンジしてみたいという人は、今からお伝えする「着痩せする柄選び」が参考になると思います。

柄物がどうして着痩せ効果を引き出すのか？そのポイントは「目の錯覚」にあります。「目の錯覚」は、着痩せするためのとても大事な要素です。着痩せ効果の高い柄を取り入れることで、お腹、腰回り、背中などの気になる部分が目立たなくなります。これこそが目の錯覚による着痩せです。

50代女性のお悩みパーツ、ナンバーワンと言われる「お腹」も柄の目の錯覚でカバーできます。無地の場合はお腹のふくらみが目立ってしまいますが、柄物なら柄にまぎれて目立ちません。柄が視線を分散してくれる、つまりは見せたくない部分に視線が集中するのを防いでくれるのです。同じように、腰回りの浮き輪肉も脇や背中のハミ肉も、柄の錯覚で目立たなくなります。欠点をうまくカバーしてくれる柄を取り入れれば、体型をより魅力的に見せることは難しくありません。

これまで無地の洋服しか着てこなかった人にとっては、柄物というだけでかなりのチャレンジなのはよくわかります。試着するだけでも、きっと勇気がいるでしょう。試着会にお越しくださったお客様でも、「華やかな柄のワンピースには憧れるけど、私にはやっぱりムリ！」と尻込みされることも珍しくありません。ですが、「柄物＝華やか」「柄物＝派手」というわけではなく、シックな柄も可愛く見える柄もたくさんあります。柄のルールを知れば、柄物のハードルはグッと下がるはずです。もっと気軽に柄物を取り入れて、着痩せのおしゃれを楽しんでください。

柄にはさまざまなものがあります。ここでは大人の女性が使いやすい柄を紹介します。

①ストライプ（縦線・斜め線）

縦線、斜め線ともにシャープな印象のある柄。縦線は縦長感を強調してくれます。また、斜め線は実際の形や面積を目くらましして体のラインを目立たなく見せてくれる着痩せ最強の柄です。

②水玉（ドット）

小さな円や点がランダムに配置された柄です。上品、可愛いなどの印象で幅広い年代に人気の柄です。着痩せにはドットの配列や大きさが関係してきます。

③幾何学

幾何学模様とは、円・直線・曲線などの図形によって構成されている柄です。シンプルで単純なものから、複雑に組み合わさっている物、規則性の有り無しなど、さまざまな模様があり、印象がそれぞれ異なります。柄にもよりますが、モダンで洗練された印象になります。

④花柄

花のモチーフが柄全体に配置されたデザインです。花の種類、色、大きさなどでさまざまな印象が醸し出せます。女性らしさや可愛らしい印象の代表の柄です。

⑤ボタニカル柄

花、葉、茎、実、枝など、植物のさまざまな部分がデザインに取り入れられている柄です。

ストライプ柄

幾何学柄

ボタニカル柄

植物の持つ色彩や形状が多彩で、さまざまな印象が楽しめます。

⑥アニマル柄

ヒョウ、ゼブラ、パイソンなど動物の模様や皮膚の模様を模した柄です。エッジの効いた大胆な印象になります。着痩せよりも個性を引き立てる使い方がおすすめ。

改めて、柄と言ってもたくさんあることに驚かれたのではないでしょうか。きっと似合う柄もありますし、着痩せして見せる工夫もできます。ぜひ、あなたの着痩せ柄と、おしゃれ柄を見つけてください。

2：着痩せする柄、太って見える柄

では、どのような柄が着痩せして見せてくれるでしょうか。着痩せする柄の代表は、ストライプ。ただし横ではなく、縦であることが鉄則です。また、斜め線もいいですね。ここからは応用ですが、模様が縦や斜めに一緒に入っているものも着痩せします。

着痩せには、目の錯覚を利用するとお伝えしましたが、無地ではこの目の錯覚が色だけとなります。せっかくならば、色と柄をフルに活用しましょう。

着痩せ柄の代表のストライプ（縦線や斜め線）は、目の錯覚が大きく働く柄です。縦線は縦方向に伸びるラインを作り出し、体型を引き締めて見せて、すっきり見えるようになります。

斜め線はストライプを斜めに使った柄で、体型や面積をカモフラージュして、体のラインを目立たなくさせてくれる最強の着痩せ柄です。

さらに、ストライプは着痩せ効果以外にも、シャープな印象を作り出してくれます。そのため、カッコいい印象になりたい女性にはストライプの魔法は欠かせません。自分のカ

着痩せする柄

ランダムな線の幾何学柄

着痩せしにくい柄

小さな丸い柄が整列している柄

バーしたいパーツのアイテムにも取り入れてみてください。

たとえば、下半身にボリュームがある人は、ストライプのワイドパンツなどを履くと、体型カバーのコーディネートができるでしょう。ポイントは、ストライプの幅です。似合うストライプの幅は、その人の身長や骨格によって変わってきますが、一般的には太いストライプは引き締め効果が薄れます。どれくらいのストライプの幅がいちばんスッキリ見えるのかぜひいろいろな幅のものを試して確認してくださいね。

逆に、整列された柄、たとえばドットやギンガムチェックなど、とくに一定のパターンが規則正しく並んでいる柄は、着太りして見えることがあります。その理由は、整列された柄は規則正しくパターンが繰り返されるため、視覚的に拡大されて見えるからです。柄の大きさが体型に合っていない場合は、欠点がより強調されます。

また、丸味を強調するような柄は、体型の特定の部分に視線を引き寄せる可能性があります。太ももやお腹周りなど気になる部分に配置されると、その部分がより目立つことがありますので注意しましょう。

◎：着痩せ効果の高い柄

ストライプ、斜め線、柄がランダム、幾何学模様（縦や斜めの模様）

×：着痩せ効果がなく、むしろ太って見えやすい柄

ボーダー、大きい水玉、ギンガムチェック、模様が規則的に配列されたもの

3：身長と柄選びの関係性

身長に応じて、似合う柄の大きさは違います。ここでの柄は大中小と表記します。

（※日本人女性の平均身長は158センチ程度として、本書では、身長が低い人を155センチ以下、高い人を165センチ以上と定義してお伝えします。）

身長が低い人は、小さな柄が似合います。たとえば水玉や小花柄などです。細いストラ

高身長の人に似合う大柄ワンピース

【モデル】 Age：55　身長：167cm　サイズ：15号
大きな花柄をバランスよく着こなしています

イプも、縦長効果で身長を高く見せる効果があります。その他の柄でも、できるだけ小さめモチーフのものを選びましょう。なお、大きなサイズのモチーフを使った柄は、身長とのバランスが悪くなりますので注意が必要です。

平均（中間）の人は、中くらいの柄がバランス良く見えます。自分の身長をより魅力的に引き立てることができる柄選びを楽しんでください。なお、同じ身長でも体格や顔立ちの印象の違いがあると、柄の似合い方はかわってきます。上記を参考にしつつ、試してみてください。

身長が高い人は、大きな柄がおすすめです。大きな花柄や大胆な幾何学模様など、存在感のあるものが似合います。身長が大きいからこそ、大きな柄をバランスよく着こなせます。

4：柄物が苦手な人にもおすすめの柄とは

着痩せして見える洋服の柄についてお伝えしてきましたが、そもそも柄物が苦手で、今まで柄物を避けてきた人もいらっしゃるでしょう。そんな人は、まずはストライプや幾何学柄などから始めましょう。ストライプはシャツなどビジネスシーンでも使われており馴染みがありますし、着痩せも叶います。また幾何学柄にはさまざまな種類がありますので、その中でも控えめな柄を選んでください。花柄など好みが分かれるモチーフではないので、比較的挑戦しやすいと思います。

他にも、柄物デビューをされる人に向けての、おすすめの柄選びの3つのポイントをお伝えしますね。

トップスは無地でスカート部分だけが柄

★ 柄の面積が少ないもの

★ 柄自体が小さいもの

★ 柄の色は1色まで

柄の面積が少ないものというのは、たとえばスカート部分だけが柄、トップスの部分だけが柄というように、ワンピース全体が柄物ではないデザインです。とくにスカート部分だけが柄のデザインは、柄が顔から遠いので、ワンピース初心者や柄物初心者でも取り入れやすいと思います。

柄自体が小さいものとは、ドット、チェック、ストライプなどベーシックな柄、または花柄や幾何学でも、柄ひとつの大きさが2、3センチの小さなものを指します。

最後に柄色が1色とは、ベースの色が黒やネイビーなど、ふだん自分がよく着ているカラーがベースで1色の柄色があるもの。柄の色数が少ないと、無地のものとの差が大きくならないため、ふだんのファッションに取り入れやすくなります。今までは無地の洋服しか着てこなかったという人も、これを機会に、ぜひ少しずつ柄物の洋服も楽しんでみてください。

また、ワンピースといえば花柄！　のイメージを持っている人は多いのではないでしょうか。花柄は「かわいいの代名詞」という思い込みがあるため、かわいい系が苦手な人はワンピース自体を避けがちになります。ワンピースは、かわいい系だけとは限りません。エレガント系も、カッコいい系もあります。間違った思い込みを捨てて、ワンピースでいろいろなスタイルを楽しんでもらえたら、ワンピース屋としてこんな嬉しいことはありません。

5：無地でも着痩せするとっておきの方法

無地より柄物のほうが着痩せする！　とわかってはいても、どうしても無地が着たいという人もいるでしょう。どうか安心してください。次の３つのポイントさえ押さえていれば大丈夫です。

１つ目は、アクセサリーをつける方法です。ロングネックレスや、大ぶりのピアスが特に効果的ですね。ネックレスで縦ラインを作り、目の錯覚で着痩せ効果が生まれます。

２つ目は、カーディガンなどの羽織りものを着ること。たとえば黒のワンピースに白のカーディガンなど、カーディガンの色をワンピースと対照的に選ぶことでカラーコントラストが際立ちスッキリ見えます。また、カーディガンで縦ラインを作れます。

そして、３つ目は、デザイン性のあるワンピースを選ぶこと。お腹に斜めに入っているドレープ、七分袖のフレアスリーブ、ウエスト高めの切り替えなど気になるパーツをカバーするようなデザインをチェックしましょう。

この３つのポイントを押さえていれば、無地でも着痩せすることが可能です。アクセサリーは、最近は300円でもおしゃれで高見えするものがたくさん出ています。プチプラアクセサリーは使えないシーンもあるかもしれませんが、ふだん使いにはどんどん活用してください。小物、色（配色）デザインの３つのポイントをしっかりと押さえて、好きな洋服を楽しんでくださいね。

無地ワンピースにカーディガンを合わせた
セレモニーコーデ

コーディネートをさらに洗練させるために

【着痩せ効果をより高めてくれる小物】

＊フロントキャミ

胸元が広く開いた洋服を着る時に、中にキャミソールやチューブトップを着る人は多いと思います。ただ、暑い夏場に重ね着するのは、できれば避けたいもの。重ね着すると、着ぶくれしたりモタついたりするのも残念です。

そこで役立つのが、フロントキャミ。実はこれ、キャミソールの胸部分だけが独立した小物なのです。下着に取り付けることで、広くあいた胸元をカバーしてくれます。これなら、重ね着のように厚くなりません。いろんなメーカーがさまざまな素材で発売しているので、チェックしてくださいね。

フロントキャミ

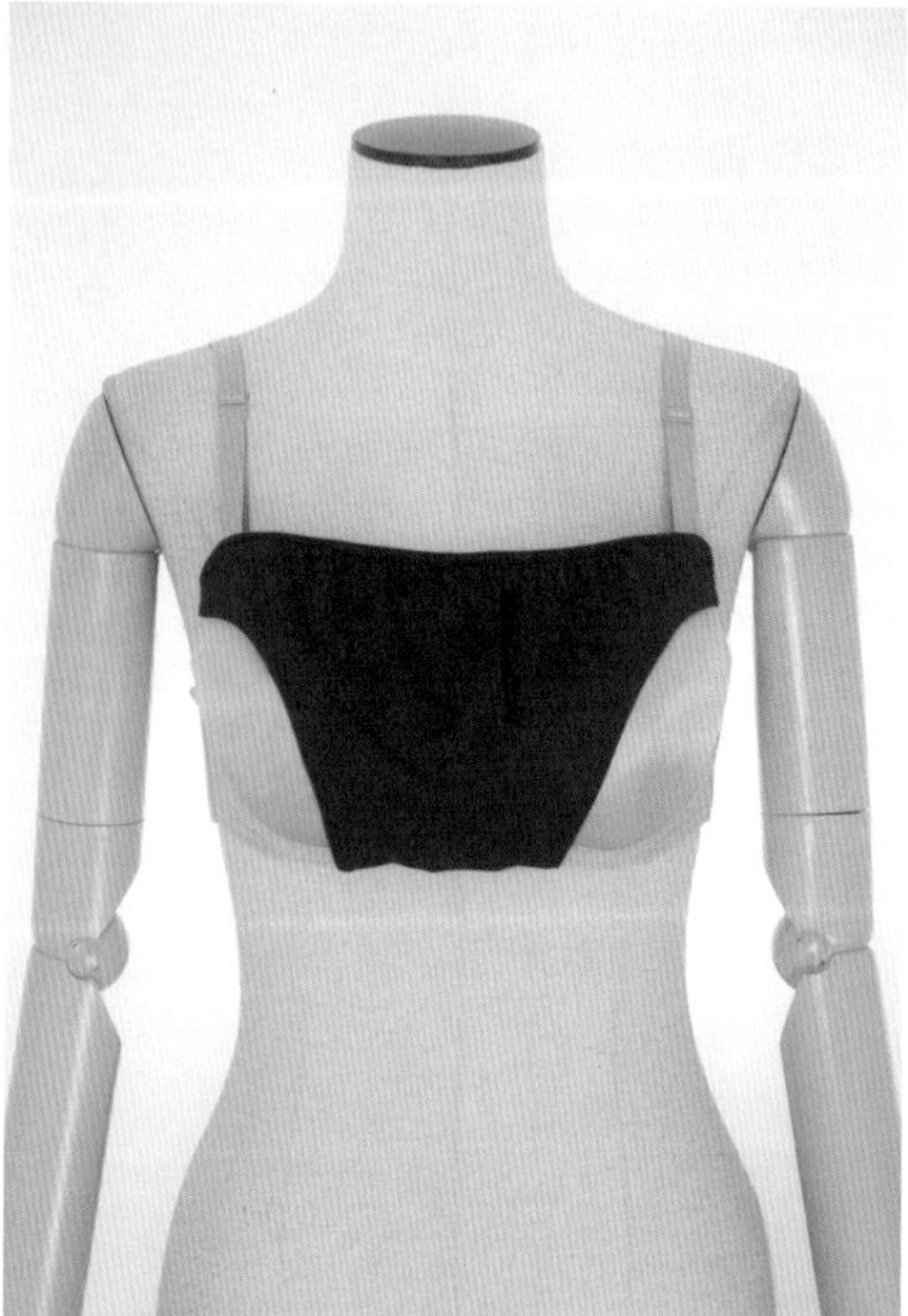

＊ベルト

ベルトは、全体のシルエットを変えることができるアイテムです。身長の低い人がロング丈ワンピースを着るなら、ベルトで着丈を調節すればバランスよく着こなせます。また、ベルトでウエストマークしアクセントにする着こなしもできます。丈を調節するときには、ウエストの一番細い部分にベルトを持ってきてブラウジングしてください。ウエストの位置と丈が合えば、ワンピースは必ず似合いますし、着痩せも叶います。

ベルトでウェストマーク

ベルト：GU

＊タイツ

タイツはとにかく引き締め色を取り入れましょう。黒だけでなく、ワンピースの色や靴とリンクさせながら、暗めのグレーやネイビーなどを選んでください。ワンピースに合わせるタイツは透け感がないとカジュアルな足元になります。女性らしいコーディネートを目指すなら、透け感のある30デニールがおすすめです。

ワンピースのカラーとリンクさせた
ダークカラーのタイツ

タイツ：17℃

＊靴

靴も着痩せに大活躍してくれます。どんなコーデにも合いやすい万能の靴色は、ヌードカラー。自分の足の色に近いものをお選びください。足とつながって見えるので、脚長効果が生まれます。パンプスはもちろん、夏のサンダル選びの際にもぜひご活用ください。

とりあえず黒ではなく、ワンピースのベースカラーに合わせて選ぶとトータルでバランスが取れて綺麗に見えます。加えて、つま先の形はシャープな印象のものを選びましょう。具体的にはつま先が尖っているものやスクエアのもので、甲を覆う部分が少ないデザインのものが足を長くスッキリ見せる効果があります。ストラップ付きデザインも人気がありますが、ストラップの横ラインが甲を分断するので脚長効果は期待できません。つま先が丸い形のものはスッキリ見せは難しいので、かわいさ目的と割り切って履きましょう。

ヌードカラーのパンプス

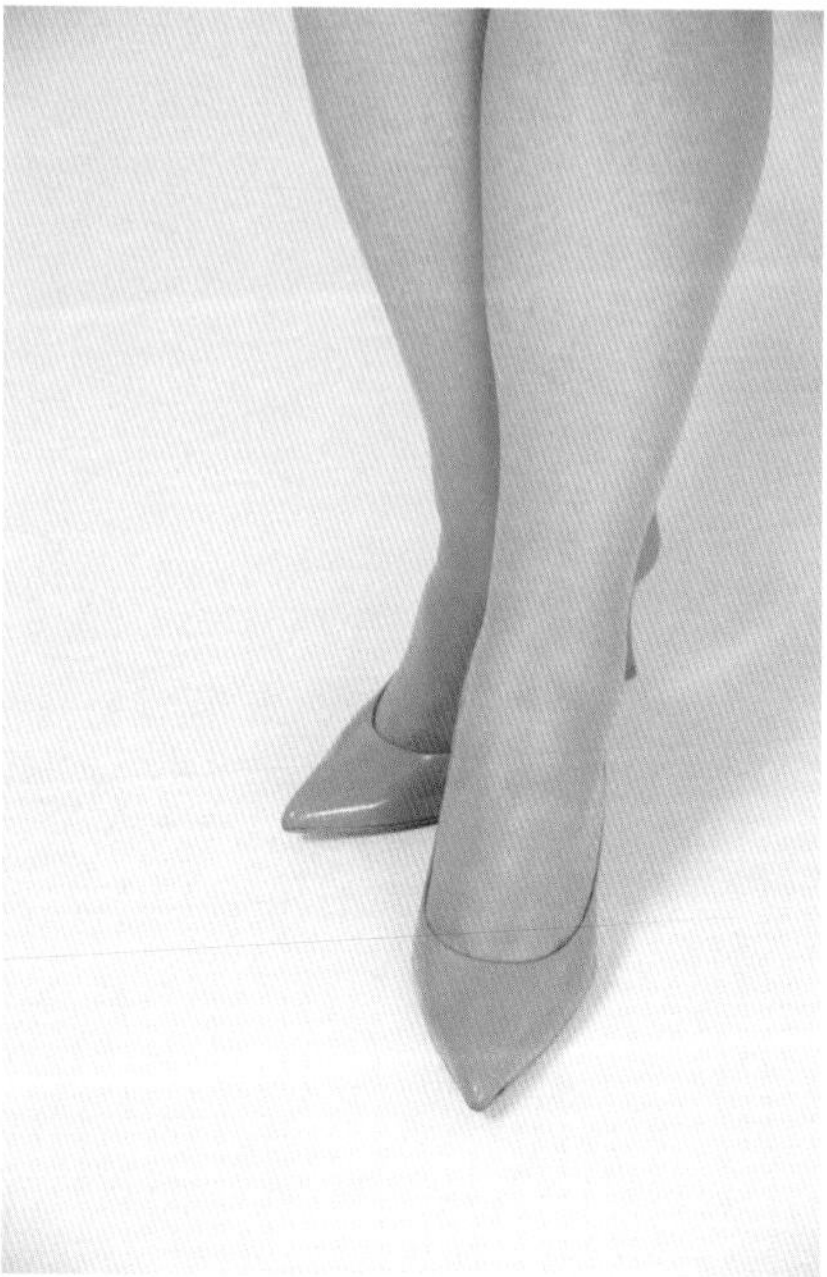

靴：ダイアナ

【ほかにもカラー選びに気をつけたいもの】

＊髪色

うっかり見落としがちなのが、髪の色ですね。金髪や赤や紫、ブラウンでもかなり明るめのカラーなど極端に地毛からかけ離れている場合には、洋服の色によっては浮いてしまいバランスが悪い配色というのも多くなります。髪色と洋服のバランスが合わないとチグハグに見え、違和感のある印象を生み出しますので、きちんと確認しましょう。

＊メガネ

特にカラフルなメガネや個性的なデザインのものをお使いの方は、試着の際に洋服の色やデザインとのトータルバランスが取れているかをチェックしてください。

メガネを複数持っていてコーディネートによって変えられる人は良いのですが、そうでない方は悪目立ちしないよう選んでください。

CHAPTER 5

着痩せする服選びができる５つのポイント

Chapter 5　着痩せする服選びができる5つのポイント！

ご自身の体型（骨格）を正しく把握していますか？　意外と多くの方が正しく知らないままに洋服を選んでしまっている結果、服は素敵なのに自分に似合わないファッションになってしまっています。自分の体型に合ったデザインを選ぶことは、似合う洋服を選ぶことに直結します。どんな風に選んだらよいのか、覚えておきたいポイントを解説します。

1　骨格（体型）から選ぶ似合うデザイン

仕事や大事な予定に関係なく、家の中で楽しむだけなら、ただシンプルに「好き」な洋服を着ていてもいいでしょう。けれど、人に与える印象を重視するなら、好きだけではなく「似合う」をポイントにして選ぶことが大切です。

自分の骨格にあった洋服を着ていると、鏡で見た時に違和感なく、体が楽ですし、素敵に見えます。褒められることも多くなるでしょう。反対に、「好き」だけで買ってしまうと、似合わないことが多く、だんだん着る機会はなくなってしまいます。無駄な買い物を減らし、本当に似合う洋服を手に入れるためにも、自分の骨格、体格を正確に把握して、洋服を選びましょう。

骨格診断とは

骨格診断とは、持って生まれた骨格や筋肉の付き方、質感や体型の特徴からあなたを最もきれいに見せるための「デザイン」と「素材の質感」を知る方法です。あなたの身長や体重、太っている、痩せているなどは影響しません。骨格診断では、「ストレート」「ウェーブ」「ナチュラル」の3タイプに分類され、それぞれの体型にあった似合う服が分かります。3タイプの主な身体の特徴は以下の通りです。

＊ストレート

身体全体に厚みがある。立体的なメリハリボディ。胸や腰の位置が高く、上重心のタイプ。

＊ウェーブ

上半身が薄く華奢な体型、曲線的なボディライン。ウエストとヒップの差がある女性らしい体型。バストやウエストの位置が低めで下半身にボリュームが出やすい下重心のタイプ。

＊ナチュラル

しっかりとした骨格で、フレーム感が際立つ体型。骨や関節が目立ち、筋肉や脂肪があまり感じられないタイプ。ヒップは平面的。

ストレートタイプの人は、Ｉラインなど直線的なシルエットのアイテムで、着こなしがスタイルアップします。ＶネックやＵネックなどのデコルテを出すタイプの洋服や、ジャストウエストのものがよく似合います。全体的にシンプルでベーシックなデザインが得意。似合う素材の質感は厚みがありハリ感や光沢感のあるしっかりしたものです。試着の時は、着太りして見えないか、体が丸く見えないかをチェックすると良いでしょう。

ウェーブタイプの人は、ウエストのくびれを強調したフィット&フレアシルエットがスタイルアップします。華やかな印象を演出する柔らかなボリューム感があり、ボディラインを活かすような曲線的デザインが得意。似合う素材の質感は柔らかい、透け感、ストレッチ性のあるものです。試着の時は、貧相に見えないか、胸元の薄さをカバーできているか、重心位置を上げて足長に見えるかをチェックすると良いでしょう。

ナチュラルタイプの人は、体のフレームが活きる、ゆったりとしたシルエットやサイズ感の洋服をスタイリッシュに着こなせます。ネックラインは控えめ、ロング丈アイテムがスタイルアップの秘訣です。似合う素材の質感は、素朴で天然、ナチュラルな雰囲気のもの、ローゲージニットなど、ざっくりとしたラフ感のあるものです。試着の時は、身体のフレームや関節が悪目立ちしないか、ボディラインを強調しすぎていないかをチェックすると良いでしょう。

それぞれのタイプを、女性タレントを例に挙げて紹介しますね。

ストレートタイプは、米倉涼子さん。存在感のあるメリハリボディですよね。装飾少なめのシンプルなデザインのドレスを着ていてもとってもゴージャスです。

ウェーブタイプは、松田聖子さん。聖子さんと言えば、ふんわりとしたお姫様のようなドレス姿を思い浮かべませんか？　やわらかい素材で可愛くふんわりとしたデザインやフリルなど装飾の多いドレスが、いくつになってもお似合いになりますね。

ナチュラルタイプは、今井美樹さん。ゆったりとしたシルエットの洋服をオーバーサイズに感じさせずにゆったり女性らしく着こなしていらっしゃいます。

スタイルの良い人がみんな、どんな服でも似合うのかというと、必ずしもそうではありません。やはり骨格タイプにより、似合うアイテムは違います。骨格タイプは、体のラインや質感、バランスなどに基づいて分類されていますので、ぜひ参考にしてください。ただし、すべての人の特徴は同じではありませんから、きっちりとこの３つに分類されるわけではありません。

上半身と下半身で違う特徴を持つミックスタイプというのもあります。骨格診断による、自分の得意な着こなし方やアイテムを知りたい時は専門家の診断を受けることがおすすめです。骨格タイプを知るだけではなく、自分の骨格のバランスやパーツごとの特徴を知っておくと、洋服選びに役立ちますよ。

モデル：骨格ストレート
カシュクールで首周りがすっきり見え
脇が引き締め色のデザインでスタイルアップ
女性らしいボディラインになると人気のワンピース

2　あなたはどっちにボリュームがある？　上半身？　下半身？

着痩せをしたいと考えている人は、自分の体のどの部分にボリュームがあるか、その点には敏感でしょう。とにかくここを隠したい！　と切実に願うあなたの体型をカバーするデザインについて、お伝えしますね。

下半身が気になる人は、ヒップや太ももをカバーしつつ、バストやウエストを強調するデザインがおすすめです。例えば、フィット&フレアーのワンピース。上半身をすっきりと見せて、スカートはフレアーの広がりでヒップや太ももをカバーしてくれます。

反対に、上半身が気になる人は、デコルテを開けたデザインで首元をすっきり見せ、バストやお腹のボリュームをカバーする直線的なデザインがおすすめです。例えば、ストレートシルエットのワンピースやシャツワンピース。ネックラインはVネックやUネックなどでデコルテを強調して、ジャストウエストのシンプルでベーシックなデザインを選びましょう。

なお、上半身の中でも、二の腕が太いと気になるなら、フレアスリーブがおすすめ。ゆとりを持たせるといいですね。お腹が出ているなら、そこにドレープや絞りがあるデザインがおすすめです。このように、洋服を選ぶ時にはデザインのパーツにも注目してください。とくに首元、袖、お腹部分は、効果がわかりやすいです。自分の体型をより活かせるデザインになっているかを確かめましょう。

気になる体型のボリュームはデザインでカバー

お尻、太ももをカバー
するフレアスカート

上半身ガッチリをカバー
するデコルテ出しデザイン

3　試着は絶対にすべし！　試着でやるべきこととは？

洋服を選ぶ時に、とりあえず入るかというだけで決めていませんか？　洋服をよりきれいに着るためのチェックポイントは、まだまだあります。

この大事なチェックポイントを身につけるために欠かせないこと、それは「試着」です。せっかくお店で洋服を選んでいるのに、試着をしない人が本当に多いです。試着をしないことはたくさんのリスクがあります。

本当は9号サイズなのに試着したくないから、大き目の11号サイズを購入する。そして帰宅して着てみたらやっぱり大きくて太ってみえた。その逆で、11号サイズなのに9号サイズを買ってしまい、小さくて着られなかった。こんな経験をした人は多いはず。それに自分のサイズを知って買っていたとしても、ブランドによって、同じサイズ表記でも着用感は違います。また、同じメーカーやブランドでもデザインによってサイズ感が違うこともあるので、サイズの表示だけで判断しないでください。

実際、試着が苦手な人は多いものです。試着をしない人の気持ちは、よくわかります。試着をすれば、店員さんから「どうでしたか?」と声をかけられますよね。そこで、「試着をしたら、返しづらい。買わないといけなくなる」というプレッシャーを感じてしまうこともあるでしょう。でも、結局そこで試着をしないで損をするのは自分なのです。

試着はその服を着て自分がどう見えるのか、買うのか買わないのかという判断をするための大事な場面です。販売する側にとっても、しっかり試着をしたうえで、「自分にとても似合う」「これが欲しい」と、お客様が納得して喜んで購入してもらうことを望んでいます。

ここで、試着をした際に必ずやるべきことを覚えておいてください。それは、試着した状態で写真を撮ること。写真に写った自分は、他人から見える自分だと思ってください。店員さんにスマホを渡してお願いすると、撮ってくださる場合が多いです。

写真確認ポイント

全体のバランスはもちろんですが、気にしている部分がどう見えるのか？　も忘れずにチェックしましょう。特に二の腕にお悩みがある人は、袖丈のデザインが大事です。

【二の腕の例】

腕の太いところが目立つ袖↓フレンチ袖

着痩せしてみえる袖↓フレア袖

二の腕の太いところで分断されるため、目立ってしまうフレンチスリーブ

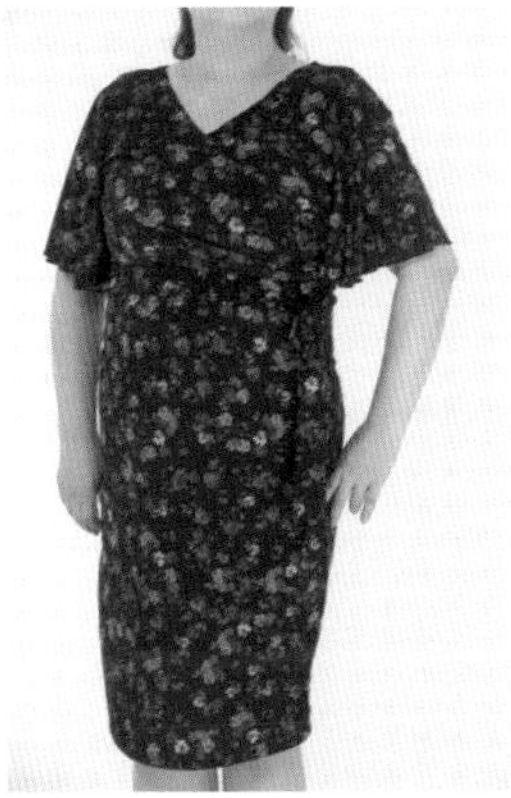

ふんわり広がるデザインで、二の腕をカバーするフレアスリーブ

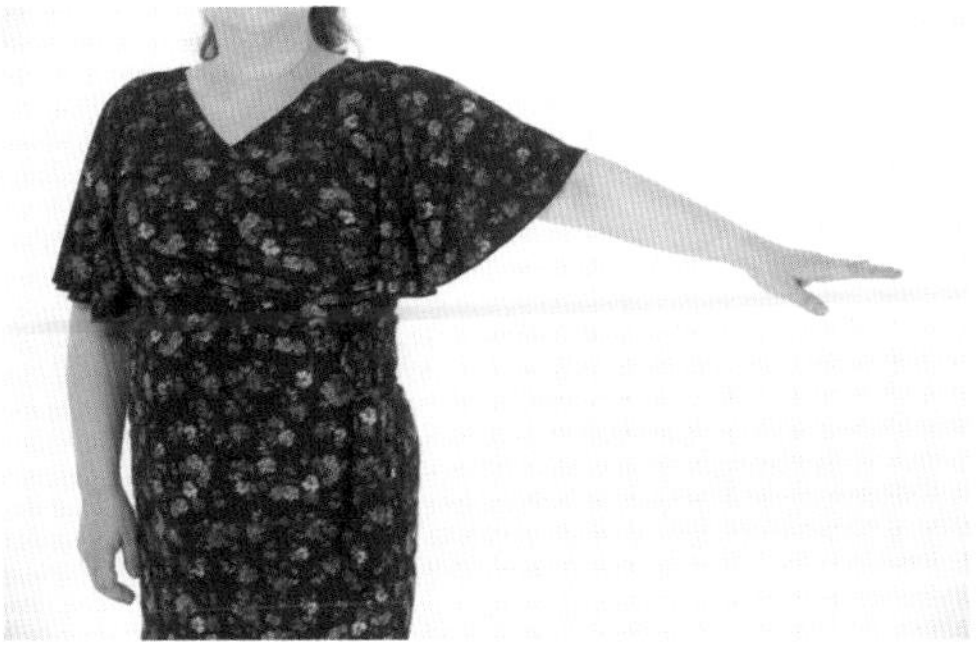

試着をする時や写真を撮る時は、そのお洋服に合わせたいイメージの靴を合わせるのが理想です。お店にある靴はサイズやデザインに限りがありますので、可能ならご自身の靴などを用意して行くのも良いですね。靴まで合わせる理由は、ヒールの高さや靴のデザインで似合う、似合わないが変わってくるからです。お店のハイヒールで合わせたらとても素敵だったけれど、実際にハイヒールを持っていないとしたら、結局出番がなくなってしまうことになりかねません。靴まで合わせて、トータルコーディネートで試着することを、できる限り心がけてください。

試着が習慣になると、自分に本当に似合うものがわかってきます。やっぱりこちらの方が似合うなとか、意外とこういったものも似合うのだなと、その都度、多くの発見があります。写真を撮り、客観的に見ることは大切です。ハンガーに掛かっている洋服を見るだけでは、腰の位置、ウエストの位置がどれくらいなのか、自分に合っているかを知るのは難しいです。そんなにウエスト部分は高くないと思っていても、着てみると意外とハイウエストだったということもあります。デザインの良し悪しも着てみると印象が変わるものが多いです。

洋服を見るだけで着用イメージまでわかるのはプロでない限り難しいので、試着を重ね、自分に似合う洋服を見極める目を磨いていきましょう。さらに、試着ができない通販での買い物には、より注意が必要です。ＬやＭなどの表記だけで購入してしまっては、失敗が多いです。バストサイズの、たった数センチの違いは、大きな影響を与えます。しかし最近の通販サイトでは、バスト、ウエストなどサイズは細かく表記されていますし、ストレッチ、透け感などまで表記されているところもあります。またユーザーレビューなども充実していますので、自分と近い体型の人を探して参考にしましょう。

4　足を隠したいならパンツではなくスカート

「私、太ももが太くて気になります」「お尻が大きいんです」など、下半身が気になっていて、そう言われる人ほどパンツを履きます。気になる部分を隠そうとして履いているのでしょうが、実は逆で、隠したい部分の形状が丸見えです。

モデルがスラッと履きこなしている細身のパンツは、もとの体型がスリムだから素敵に見えるのです。パンツには、多くの罠が潜んでいますが、そんな足の悩みを持つ私たちを救ってくれる存在がスカート。スカートこそ、気になる部分をしっかり隠してくれる真のアイテムです。

スカートの中でも、欠点や悩みをもっとも隠せるのは当然ながらロング丈。とくに、足首が見えるAラインのスカートがベスト。細い足首だけが見えて、他は完全に隠してくれます。また、足が太くても、ただ楽だからという理由でパンツを履く人は是非、一度、スカートにチャレンジしてみてください。

あれこれとコーディネートを考えるのが苦手とか、単純に洋服選びを楽にしたいという場合も、やはりワンピースがおすすめです。中でも、ロング丈ワンピースが大活躍！　なぜなら、気になる下半身を隠せるだけでなく、ロング丈ワンピースは靴を選びません。パンプスはもちろん、スニーカー、ブーツ、サンダル、どんな靴にも合いますから、さまざまな場所に出かけることができます。

コロナの流行後から、スニーカーブームが続いています。お店には、たくさんの種類のスニーカーが並んでいますね。ロング丈のワンピースにスニーカーのコーディネートで、楽におしゃれを楽しんでください。

シンプルなロングワンピースは着回し力バツグン

大人のきれいめカジュアルにはシンプルデザインでベーシックカラーのスニーカーがおすすめ。
ごつめ、アクセントカラーの多いデザインは、バランスが取りにくいです。

羽織ものとアクセサリーやパンプスを上品な印象の色やデザインにすれば、ホテルやレストランなどセミフォーマルなシーンにも使えます。

しかし、身長が低い人は、ロング丈ワンピースを着こなすのは難易度が高いと思うかもしれませんね。ウエスト切り替えが高めなデザインを選べば大丈夫です。ベルトでウエスト高めにブラウジングする方法でも、バランスが取れるようになります。

今の主流はロング丈。年齢も選びません。どんなに太っている人でも、首、手首、足首の三首は必ず細いです。細い部分である足首をしっかり見せて、ロング丈ワンピースを着てください。

ここで、スカート選びの時に気をつけてもらいたい点をお伝えします。下半身を隠すために、裾に進むにつれて広がりのあるフレアスカートがおすすめですが、その際は落ち感のある滑らかな表面の素材を選んでください。ツイード、コーデュロイの凸凹素材や落ち感のない柔らかいシフォンやレースなどは、着痩せ効果が低くなります。また細かいプリーツのスカートも落ち感が低いので着痩せ効果は低いです。

また、せっかくフレアスカートを履いたとしても、ゆったり目のTシャツをダボっと着てしまっては台無しです。すでにお伝えしたように、上下のどちらかを緩くした場合は、片方は引き締めましょう。上が緩くて、下も緩い、という組み合わせは、若い世代には良いでしょう。しかし、体型を気にしている人が着てしまうと、隠すどころかより太って見えてしまいます。

下半身にボリュームがある人でパンツを履きたい場合には、落ち感のある素材のワイドパンツなどが下半身を上手にカバーすることができます。引き締め色で選べばさらにグッドです。

Before

After

太腿やお尻をカバーしたい人はパンツよりよりも
断然スカート

5　鏡で全身を必ずチェック

「魔法のワンピース」の試着会で、お客様に「今日、鏡で自分の全身をチェックしてきましたか？」と聞くと、ほとんどの人が全身は見ていないといわれます

コーディネートのチェックは、全身を見ることが大切です。全身が映る鏡は、３千円前後で手に入りますから、購入したらいかがでしょう。購入する際は、手に持ったバッグまでが映る横幅のあるものにしましょう。コーディネートのチェックは、バッグを含めた小物までトータルで見ることが大切です。

お客様の話を伺っていると、鏡で自分の姿を見るのが苦手だと言われることも多いです。日本人は謙虚ですから、鏡で自分の姿を毎日チェックするなんてナルシストなのではないか？　と懸念されることも。また、自分の姿を見たくない、体型の現実と向き合いたくないという人もいらっしゃいますね。姿見は結果を見る道具ではなく、「このコーディ

ネートは褒められた！」「痩せた？　と聞かれた！」「似合っている」など、姿見に映った自分の写真を残すことで、データ収集ができます。鏡や写真と共に、練習を重ねて極めていきましょう。

また、うっかり見逃しがちなのが靴です。自宅内では、靴は脱いでいます。そのため裸足のまま室内で全身鏡を見てOKを出し、その後に合わない靴を履いて出かけてしまうことも。それを防ぐためにも、姿見の前に置けるマットを準備しましょう。100円ショップでも購入することができます。おしゃれはトータル、とくに足元がとても大事です。とても素敵な服なのに、靴バッグだけがアンバランスなものになっているという人は多いです。全身チェックは小物を含めてトータルでと、覚えておいてくださいね。

全身鏡を見ることによって他にも気づく点はあります。華やかなワンピースを着ているのに、顔はノーメイク。髪型は気にしていないでは、せっかくの素敵なワンピースが可哀そうですよ。お出かけ前には、上から下まで全身鏡でしっかり見ましょう。このチェックは、2～3分で完了しますし、このチェックをするのとしないのとでは、差は大きいです。おしゃれに見せたい、着痩せしたい、それには全身鏡でのトータルコーディネートのチェックは必須です。

Before

After

CHAPTER 6

いくつになっても
人生を楽しめる服選び
５つの心得

Chapter 6　いくつになっても人生を楽しめる服選び5つの心得

年をとるとともに変わっていく人生のステージ。そのステージに合わせて着る洋服を変えていくことが人生輝くコツなのです。年をとっても素敵に見える人生を楽しめる洋服選びの心得えをお伝えします。あなたがいつまでも世界で一人しかいない素敵な女性であり続けるために。

1：着ている洋服が今の自分を映す鏡

毎日着ている洋服は、今の自分を映す鏡です。過去の洋服が似合うのは、過去のあなたです。今のあなたには、今似合う洋服があります。

自分を変えたいなら、鏡に映る自分が、「過去の自分」のままでは変化するのは難しいはず。鏡の中の自分を「なりたい自分」のイメージに近づけることで、リアルな自分も自然に「なりたい自分」に変化していきます。

着ている洋服は、今の自分を映す鏡

あなたは鏡に映っている今の自分のことを好きですか？

鏡に映っている自分が好きではないと思う人は、まずは外見を変えることが近道です。外見を変えるためにはお金が必要？　私は、おしゃれに大事なのは、お金をかけるか、かけないかではなく、どうすれば自分が喜べるのか。ワクワクするのかを優先的に考えるべきだと思います。「50代だから、きちんとした洋服を着ないといけない」という意見もあるでしょうが、要するに大切なのは使い分け。ＴＰＯシーンに応じた装いをすることが大切なのです。

2：これだけは更新してください

洋服を更新する最適なタイミングは、具体的にいつでしょうか。それは具体的には好みや体型、ライフスタイル、自分に変化があった時です。昔は可愛らしいファッションが好きだったけれど、今はシンプルなものに惹かれるとか、子供が生まれてカジュアルコーデが多くなったとか、体重が○○kg増えたなどです。これらの変化に洋服があっていないと、違和感があり毎日の洋服選びが楽しくなりません。

2シーズン以上、手を通してない洋服はきっとそんな理由があるはず、手放して更新することをおすすめします。

また、よく聞かれるのが、いつか痩せたら着ようと思って昔の洋服を手放せないという話です。そんな時は、いつか痩せたら、その痩せた時のあなたに似合う洋服を改めて選んでくださいとお伝えしています。

特に、更新して欲しいものが、「ジーンズ」と「ヘアメイク」です。

よくダイエットに成功した人が、10年前のジーンズが履けたことで、喜んでいる様子を目にします。昔のサイズに戻ったことは素晴らしいです。ただ、ジーンズをおしゃれに着こなしたいなら、痩せたからといって、10年前のジーンズそのまま履くのではなく、今のトレンドを重視してジーンズを購入してください。

また、メイクやヘアスタイルも同じです。ヘアメイクは、一度プロの方にアドバイスをもらうと、違いがよくわかります。自己流では、気がつかないところがたくさんあるはずです。ファンデーションの付け方も違いますし、自分に合った眉の形を知ることもできます。最近では、メイクレッスンも気軽に受けることができるので、一度試してみてください。自分の顔を活かすメイクスキルは一生ものです。

ただ、ワンピースはいつの時代もなくならずに存在感を発揮し続けてきたアイテムです。変化するのは、シルエットや丈感ぐらい。だから自分が得意としているスタイル、または似合うシルエットや丈を知っていれば、トレンドもうまく取り入れられますし、調整していくことも難しくありません。

3：50代の自分磨きのためのお出かけ服

最近ではコロナ禍によって、すっかり出不精になってしまった人もいるでしょう。買い物も、仕事も、さらには飲み会まで、オンラインでできてしまう世の中。テレワークになって通勤しなくなり、楽ちんなホームウェアばかりになったという声も耳にします。

そんな状況から抜け出せないままで過ごしていると、同窓会や友人との外食のお誘いがやってきたとしても「何を着ていこう、着ていく服がない」と、慌ててしまうのではないでしょうか。

楽なお洋服ばかりに慣れてしまって、誰かからのお誘いがあった時に、着ていく服がないと困りますよね。そんな時のために、お出かけ用の着痩せワンピースをまずは、1枚買ってみましょう。

お誘いがあったときに、洋服を買ってでも参加しようと行動する人は、参加した場所で、何か新しい、楽しいことが見つかるかもしれません。ふだんの生活では知ることのないような情報が手に入り、嬉しい発見もあるかもしれません。人生を変えたいと思うなら、「お出かけ服」を新調し、行動することで、あなたの人生はさらに輝いていきます。

4：心がときめく洋服を手に入れよう

日本人は自分のサイズを大きめに言う人が多いです。そして実際に、オーバーサイズを着ている人がほとんど。

日本人の体型の悩みを聞いてみると、胸が大きいとか、お尻が大きいとか、一部分のサイズが大きいことにフォーカスしがち。しかし、胸やお尻が大きいことは、海外では最高のチャームポイントなのです。胸が大きいなら胸を、お尻が大きいならお尻を強調するデザインのものを、堂々と着ています。自分のチャームポイントを誇らしげに活かしたおしゃれを楽しむ生き方は、ステキだと思いませんか？

これまで洋服を選ぶ時に、年齢相応とか、他人の視線を気にしてきた人は多いと思います。でも、そういうのはもういいんじゃないでしょうか。50代となったあなたは、窮屈な縛りから、自分を解放してあげましょう。今からの人生で大切なのは、「毎日が楽しくなる」洋服を着ること。今こそ、自分が本当に着たい洋服を着るべき時です。

私がお客様から言われて、とても印象に残っている言葉があります。それは、「服は福、髪は神」です。どうでもいい洋服を着ていては、福はやって来ません。仕事やプライベートがうまくいっている人は、服と髪の両方が整っているから、両方が手に入るのです。私はこの言葉を聞き、まさにその通り、改めて着たい洋服を着ながら、それに合わせておしゃれを楽しもうと決めました。

5：ワンピースを着こなして「おしゃれな人」だと印象づけよう

ワンピースは、上下のコーディネートを考える必要がなく、とても楽です。ワンピースの最大の特徴は、着るだけで一気に女性らしくなります。ふだん、パンツスタイルが楽だからとパンツスタイルに慣れている人がワンピースを着ると、行動やしぐさが変わります。「女性らしさ」という誰もが持っている要素が、ワンピースを着ることで、引き出されます。

いつもはワンピースを着ない人がワンピースを着ると、「あれ？　今日はどうしたの？」と周囲の人に聞かれるでしょう。それが柄物のワンピースだとしたら、それに加えて「痩せた？」と言われることも。そんな周囲とのやり取りも楽しんでいただけたらと思います。

最適なデザイン&サイズを選べば、見た目マイナス５kgの着痩せが叶う

ここまで、ワンピースを選ぶ時の数々のポイントをお伝えしてきました。では、ワンピースを選ぶ時の究極の条件とは、何かわかりますか？　それは、「一枚着ただけできれいに見えるかどうか」です。ワンピース一枚だけを着て鏡の前に立った時に、「素敵だな」と思えるかどうかが決め手となります。その瞬間の印象を、大切にしてください。

ワンピースの上からカーディガンやジャケットを着れば、胸や二の腕は隠れます。しかし、カーディガンやジャケットで胸や二の腕を隠さない状態でも素敵に着られるなら、それはサイズが本当に合っているということ。自分の体型に最適なサイズ感であることに加えて、各章で取り上げてきた着痩せ効果の高い色、柄、デザインも盛り込んだワンピースであれば、これはもう無敵です。

購入したワンピースが、あなたの体型にピッタリでとても似合うなら、その同じワンピースのデザインの色違い、柄違いを買うようにしましょう。同じデザインだけれど、毎年違った色や柄を販売するブランドがありますが、これがいわゆる「定番の形」です。人は、

洋服のデザインまではいちいち覚えていません。すでに似合っている定番のワンピースを持っているなら、柄違いや色違いで買えば確実。必ずおしゃれに見えるのですから、良い作戦だと思いませんか？

ワンピースの大きなメリットは、とにかく着まわしがしやすいこと。ワンピースを何着か持っておいて、あとは羽織りものの色やデザインを変えたり、アクセサリーや靴などの小物で変化をつけて、着まわしを楽しみましょう。「魔法のワンピース」なら、コーディネートはもちろん、収納も洗濯もお手入れもすべてが楽です。

おわりに

50代を過ぎるころから、子育ても一段落。自分のために使える時間やお金が持てるようになる人は多いでしょう。アフタヌーンティーの誘いや同窓会など、周囲の友人たちも、自分の時間を楽しむようになります。今こそ、おしゃれを楽しむ時です。

「だけど、若いころより10kg太ってしまったから」と嘆いているあなた。私としては、そんなことは取るに足りない小さなことだと、大らかに笑い飛ばしてもらいたいです。体重や体型が悩みなら、着痩せワンピースを着れば一瞬で解決します。着痩せ効果だけでなく、女性らしさもアップ。おしゃれまで叶えてしまう。まさしくワンピースマジックです。

特別なお出かけにも着ていけるし、カジュアルダウンして日常にも着られる、どんなシーンでも頼れるワンピース。厳選したお気に入りの1枚を持っているかいないかで、人生は大きく変わります。

クローゼットを開ければ、明日すぐにでもお出かけができる洋服がある。ワクワクする

「お気に入りのワンピース」と、素敵な人生を送っていただけたら嬉しいです。

感謝を込めて

最後までお読みいただき、ありがとうございました。「魔法のワンピース®」で起業して6年。「着痩せ術」についてブログで発信を始めて8年。その間、お客様から「本当に着痩せして嬉しい」「まわりから、似合っていると褒められます」と、たくさんの嬉しいご感想をいただきました。中には、季節ごとに大人買いしてくださるお得意様もいて、心から感謝する毎日です。

いつの頃からか、ワンピースの着痩せ術や着こなし方の本を出版したいと考えるようになりました。つらいダイエットなんかしなくても、楽に着痩せして、おしゃれや人生を楽しむ女性をもっと増やしたいと思ったからです。とはいえ、本を出すなんて、自分には夢のまた夢。叶ったとしても、まだまだ遠い先のことだと思っていました。それが思いのほか早く、こうして、『ダイエットなしで着痩せして見えるワンピースの選び方』を出版できたのは、いろいろな方のお力添えあってのことです。

まず、本書のライティングを担当してくださったブックライターの戸田美紀さん。２０１６年に息子が1歳になったのを機に、起業して自分が家族を養うと一念発起。そのとき、ブログ構築セミナーやビジネスコンサルを受けたのが美紀さんとの出会いでした。約1年後、実店舗なしのＳＮＳ運営だけで、月7桁を売り上げるワンピース屋に成長できたのは、美紀さんのおかげです。そんなビジネスの師匠とあおぐ美紀さんに、初出版本を書いていただいて、こんなにうれしいことはありません。

そして、「魔法のワンピース®」の専属スタイリスト、吉川ちひろさん。２０１４年に出会って以来、「着痩せに特化」をコンセプトにした魔法のワンピースを私と一緒に育ててくれたパートナーです。プロのスタイリストのセンスで、洋服の選び方や着こなし方を提案してもらい、カラー診断をはじめとする各種セミナーも共に実施してきました。この本は、吉川さんと2人で歩んだ10年間のまさに集大成です。今回は、書籍の監修と全撮影のスタイリングにも参加してもらっています。

実店舗なし、つまりオンラインだけで商品を売るには、カタログやＷｅｂサイトの商品写真が不可欠です。デザインや素材感、着用イメージなど、商品の魅力がしっかり伝わる高品質な画像を見て、「亜紀子さんの着ているワンピースが欲しい」という問い合わせが後をたちません。6年間で約4000枚にものぼる商品写真のすべてが、フォトグラファー@studioMaaR本多佳子さんとヘアメイク納亜矢子さんの手によるもの。まさに魔法の撮影チームだと、私は誇りに思っています。もちろん、本書の写真も魔法の撮影チームの作品です。

表紙デザインおよび装丁は、デザイナーの花房直美さんにお願いしました。デザイナー兼ライターでもある花房さんには、起業当初からHPやLPの制作、ブログの告知記事、セールスレターからメルマガのリライトまで、創ること書くことすべてにおいてお世話になっています。私を深く理解して、常に「ニー亜紀子らしさ」を大事にしてくれる花房さんは最高のサポーターです。

「魔法のワンピース®」の「魔法」というワードにインスパイアしていただき、出版を叶えて下さった出版社『笑がお書房』の伊藤編集長にも心から感謝申し上げます。出会えて本当に良かったです。

また、本書に登場する「ワンピースで着痩せを体感」のモデルとして撮影に参加してくださった、整理収納アドバイザーの武藤明美さんと、魔法のワンピース代理店である小奈みさきさんにもお礼を言います。お二人のおかげで、説得力のある写真を掲載することができました。

そして、四六時中ずっと私を見守り、フォローやサポートを惜しまずにいてくれた、夫のマーティンと愛息のマッヒーにも心からの愛と感謝を伝えたいです。「家族みんなで作ったマミーの本ができたよ！」

この本を読んでくださったあなたは、どんな50代女性を目指したいですか？　私は、外見も生き方もカッコいい女性になりたいと思っています。着痩せするワンピースは、輝く50代女性の味方です。この本を読んでいただいたあなたは、どうかワンピースに挑戦してみてください。いつかどこかでワンピースを着た素敵なあなたにお会いできる日を心から願っています。

２０２３年11月吉日　　　魔法のワンピースプロデューサー　ニー亜紀子

【著者プロフィール】

二一亜紀子（にーあきこ）

株式会社 魔法のワンピース 代表取締役

1976年生まれ。神奈川県横浜市出身。2018年に「着痩せに特化した商品を販売する魔法のワンピース®」で起業。わずか10畳の自宅サロンでスタートしたビジネスは、約6年で年商10倍に成長し、全国に販売代理店を展開するまでに。商品の企画デザイン、生地の買い付け、販売まで一貫してニー亜紀子本人が担う。着痩せに特化したオリジナル商品は、100種類以上に及び、ショッピングや着こなしのアドバイスをした女性は、ゆうに2万人を超える。ファッションとビジネスに関する知識と経験を活かして運営するブログやSNSのフォロワー総数は、およそ3万5千人に上る。女性の経済的自立を支援する目的で、物販コンサルタント、オンライン英会話講師、各種セミナーの開催、ブログやWebサイトのプロデュースなど、その活動は多岐にわたる。家族はアイルランド人の夫と2015年生まれのひとり息子。

https://maho-onepiece.com/

【STAFF】

スタイリング	吉川ちひろ
撮　影	本多佳子（studio MaaR）
ヘアメイク	納　亜矢子（Lienzo）
ライティング	戸田美紀（エクセルライティング）
ブックデザイン	花房直美（スタジオえくすぷれす）
編　集	伊藤英俊（笑がお書房）
モデル	武藤明美　小奈みさき　ニー亜紀子

ダイエットなしで着痩せして見えるワンピースの選び方

2023年12月2日　第1刷発行

著　者　ニー亜紀子
発行人　伊藤邦子
発行所　笑がお書房
〒168-0082 東京都杉並区久我山3－27－7－101
TEL03－5941－3126
https://egao-shobo.amebaownd.com/
発売所　株式会社メディアパル（共同出版者・流通責任者）
〒162-8710 東京都新宿区東五軒町6－24
TEL03－5261－1171
印刷・製本　シナノ書籍印刷株式会社

■お問合せについて

本書の内容について電話でのお問合せには応じられません。予めご了承ください。ご質問などございましたら、往復はがきか切手を貼付した返信用封筒を同封のうえ、発行所までお送りくださいますようお願いいたします。

・落丁・乱丁は発行所にてお取替えいたします。
定価はカバーに表示しています。

ISBN978-4-8021-3444-6 C5077